AF460872

LETTRE

DE M. LIBRI

À

M. LE PRÉSIDENT

DE

L'INSTITUT DE FRANCE.

LONDRES:
BARTHÈS ET LOWELL, GREAT MARLBOROUGH STREET.
1850.

LONDRES:
Imprimé par Schulze et Cie., 13, Poland Street.

Lettre de M. Libri à M. le Président(1) *de l'Institut de France.*

Londres, le 5 Septembre 1850.

Monsieur le Président,

J'ai reçu depuis quelques semaines plusieurs lettres(2) m'annonçant que l'Académie des Sciences allait m'écrire, à l'exemple du Collège de France, et fixer un terme au-delà duquel, si je ne m'étais pas rendu à Paris pour purger la sentence de contumace portée contre moi, je serais considéré comme démissionnaire. J'attendais cette communication, pour y répondre, comme j'ai déjà eu l'honneur de répondre à M. l'Administrateur du Collège de France(3), savoir: qu'étant devenu citoyen anglais, je ne pouvais plus occuper aucun emploi en France; et que, quant au terme qu'on me désignait pour purger ma contumace, la loi m'accordant vingt ans à cet effet, il dépendait de certains magistrats d'abréger ce terme, en rentrant dans la légalité d'où ils étaient sortis par une violation des lois telle que l'Europe en était restée indignée. Au moment où l'on m'annonçait encore l'envoi de cette lettre, je viens de lire dans le *Moniteur* du 2 Septembre les deux décrets suivants :

" Le Président de la République,

" Vu l'arrêt de la cour d'assises de la Seine, en date du 22 juin 1850 ;

" Considérant que M. Libri, professeur au collège de France, et membre de l'Institut, a abandonné sa chaire dès le 28 février 1848;

(1) J'appelle *Président de l'Institut,* l'académicien qui a dû occuper cette année le fauteuil, le jour de la séance publique des cinq Académies.

(2) Dans une lettre en date du 14 Août dernier, qu'après avoir reçu ma Lettre à M. Barthélemy Saint-Hilaire, m'a fait l'honneur de m'écrire un des membres les plus savants et les plus spirituels de l'Institut, je trouve ce passage :

" J'aurais bien désiré que la lettre que l'Académie des Sciences doit vous écrire, et qui est la répétition de celle du Collège, fut portée *à l'Institut.* Tous ceux à qui j'en ai parlé, conviennent que c'est ce qu'on aurait dû faire. Il y a un axiôme du droit romain, qui dit quelque chose comme : *De civitate non refertur nisi maximis comitiis* (je crains que mon latin ne ressemble à celui du Procureur-Général), mais vous savez, etc."

(3) Par une lettre en date du 25 Juillet 1850, qui a été imprimée et distribuée partout.

" Sur le rapport du ministre de l'instruction publique et des cultes,

" Décrète

" Art. 1. La chaire de mathématiques du collège de France, occupée par M. Libri, est déclarée vacante.

" 2. Les sommes restées disponibles jusqu'à ce jour sur le traitement de M. Libri, feront retour au trésor public.

" 3. Le ministre de l'instruction publique et des cultes est chargé de l'exécution du présent décret.

" Fait à l'Elysée-National, le 1er septembre 1850.

" LOUIS-NAPOLEON BONAPARTE."

" Le Président de la République,

" Vu l'arrêt de la cour d'assises du département de la Seine, en date du 22 juin 1850 ;

" Vu la lettre de l'académie des sciences, en date du 20 août suivant ;

" Considérant que M. Libri, membre de l'Institut, a quitté la France dès(1) le 28 février 1848 ;

" Sur le rapport du ministre de l'instruction publique et des cultes,

" Décrète

" Art. 1. Le siège occupé à l'académie des sciences, section de géométrie, par M. Libri, est déclaré vacant.

" 2. Les sommes restées disponibles jusqu'à ce jour sur les indemnités de(2) M. Libri, feront retour au trésor public.

(1) Il semble que lorsqu'on motive sur un *considérant* unique, un décret, qui est une chose assez solennelle, on devrait pouvoir trouver un considérant qui ne fût pas absolument faux. Dans les deux décrets qu'on vient de lire, les considérants contiennent uniquement cette date du 28 Février 1848, jour où (c'est le décret qui l'affirme) j'ai *quitté la France*. Or, M. le Ministre de l'Instruction Publique aurait eu un moyen bien simple de s'assurer que cette date était fausse. C'est le 29 Février 1848, que j'ai touché *à la Sorbonne* les deux traitements attachés à la chaire du Collège de France, et à celle de la Faculté des Sciences pour le mois de Février 1848. Cela résulte des états d'émargement ; je n'avais donc pas *quitté la France* la veille. Si je relève cette erreur de date, ce n'est pas seulement pour montrer que depuis la révolution on ne fait qu'amasser des faussetés sur mon compte en France ; cette date, qui est reproduite dans l'Acte d'Accusation, a de l'importance : on le verra dans une autre occasion.

(2) Afin, que cette locution barbare, *indemnité de M. Libri*, ne fasse illusion à personne, je dirai, une fois pour toutes, que, malgré le conseil de plusieurs de mes amis, depuis mon départ de France, je n'ai jamais touché et je n'ai jamais réclamé aucun des traitements attachés aux diverses places que j'occupais.

"3. Le ministre de l'instruction publique et des cultes, est chargé de l'exécution du présent décret.

"Fait à l'Elysée-National, le 1er septembre 1850.

"LOUIS-NAPOLEON BONAPARTE."

Je conçois que la position embarrassée dans laquelle se trouve à mon égard M. Arago, qui a été proclamé, par la voix unanime de l'Europe savante, le promoteur et le chef de la persécution dirigée contre moi, et qui, en sa qualité de secrétaire perpétuel de l'Académie des Sciences pour les mathématiques, aurait dû me donner communication de la résolution de l'Académie, ait amené un retard dans l'envoi de la lettre qu'on m'annonçait. C'est sans doute à quelque circonstance analogue que je dois de n'avoir pas eu connaissance d'une délibération(1) qui m'intéressait, et qui, si les choses s'étaient passées régulièrement, aurait dû m'être communiquée, comme l'a été celle que M. l'Administrateur du Collège de France m'a fait connaître par sa lettre en date du 6 Juillet dernier. Mais depuis le mois de Février 1848, je suis trop accoutumé à voir les formes violées en ce qui me concerne, pour m'étonner de cette nouvelle irrégularité ; ce que je ne conçois pas, c'est que le Chef de l'État, qui aurait pourtant, ce me semble, autre chose à faire en France, ait cru devoir m'accorder l'honneur de rendre à mon égard deux décrets nominatifs. Au reste, ces décrets, en réalité, ne sont pas rendus contre moi : ils sont rendus contre le Collège de France qui, malgré les sollicitations ministérielles, m'avait accordé jusqu'au 1er

(1) D'après une lettre que je reçois au moment où l'on allait mettre sous presse, voici comment se sont passées les choses. Je copie textuellement :

"Au sujet de la lettre du 20 Août de l'Académie des Sciences au Ministre (lettre mentionnée dans le second décret) M ..... membre de l'Institut vous a sans doute écrit. Néanmoins je vous rapporte la substance de notre entretien.—Cette lettre paraît être une lettre *d'envoi* que l'Académie des Sciences avait adressée au Ministre de l'Instruction Publique en le priant de vous faire parvenir une autre lettre de la dite Académie conçue dans le même sens que celle du Collège de France pour vous offrir un délai de comparution à la Cour d'Assises, pendant lequel elle ajournerait toute décision académique à votre égard. Il paraît que le Ministre a fait connaître à l'Académie sa surprise d'être ainsi choisi pour intermédiaire ou commissionnaire ; qu'à la suite le Bureau de l'Académie se serait rendu auprès du Ministre. On ne rapporte rien de la conversation entre le Bureau et le Ministre. Mais la date des décrets atteste que la résolution ministérielle qui proclame la vacance de votre siège a suivi de peu de temps la démarche du Bureau. M .... trouve que l'Académie des Sciences est vive-

Décembre prochain(1), et contre l'Académie des Sciences, à laquelle son règlement donnait le droit de me considérer d'elle-même comme démissionnaire, puisque depuis plus d'un an je n'avais pas assisté aux séances de cette compagnie. C'est aux libertés de ces deux corps qu'on a porté atteinte par ces décrets qui étaient absolument inutiles, car dans une lettre imprimée depuis un mois et répandue partout, j'avais déjà déclaré que, par suite de la naturalisation que le gouvernement anglais m'avait conférée, j'étais devenu incapable d'occuper aucun emploi en France. Quant à ce qui concerne l'intervention du gouvernement dans les affaires intérieures de l'Institut et du Collège de France, c'est à ces corps illustres à aviser. En ce qui me touche, ces deux décrets ont pour seul effet de prouver que, même aux yeux du gouvernement, la sentence de contumace n'a aucune valeur ; autrement le chef de l'Etat ne rendrait pas des décrets pour me dépouiller des emplois que cette sentence m'avait ôtés déjà(2). Quand on se demande pourquoi ces décrets ont été rendus, on ne trouve d'autre raison que le besoin de produire de l'effet. On a voulu couvrir, par un nouveau coup de théâtre, la déconfiture de certains experts et de certains magistrats, qui s'étaient si ridiculement affichés en appuyant l'Accusation sur des balourdises dont j'ai signalé un échantillon dans ma *Lettre à M. Barthélemy Saint-Hilaire.* Ces balourdises excitent déjà un rire de pitié dans tous les pays où l'on sait lire. Si à chaque démenti que recevra l'Acte d'Accusation, on se croit obligé en France de rendre un décret contre moi, cela pourra mener loin, et de réponse en réponse, l'affaire deviendra très divertissante.

ment atteinte par une décision arbitraire qui la *décime* sans son concours ; c'est un précédent exorbitant et dangereux et un grave échec à l'indépendance de l'Académie. Si pareille chose se fût passée dans celle dont il fait partie, il aurait provoqué quelque résolution de sa compagnie.

"Telle est la substance de notre entretien. Mon récit ne contient sans doute aucune des *paroles* échangées *en termes exacts ;* mais il contient la *substance exacte.*"

Il n'est pas nécessaire de faire remarquer que M. Arago fait partie du *Bureau* de l'Académie, et qu'il n'en est pas le membre le moins influent.

(1) Voyez plus loin pag. 70.

(2) J'ai été, on ne l'ignore pas, condamné par contumace à dix années de réclusion ; cette peine emporte de droit la dégradation civique. (*Code pénal,* § 28) *qui consiste,* 1°. *Dans la destitution et l'exclusion des condamnés de toutes fonctions, offices, ou emplois publics, etc.* (*Code pénal,* § 34).

J'ignore si dans un pays où depuis deux siècles trop peu de voix se sont élevées pour protester contre le meurtre juridique de la Maréchale d'Ancre, il se trouvera beaucoup plus de voix pour protester contre une odieuse procédure dont la victime a merité, comme *la Florentine*, le reproche d'avoir vu le jour au-delà des Alpes. Ce que je sais bien c'est que l'Institut, qui compte tant de véritables savants dans son sein, aura un jour à regretter de n'avoir pas protesté contre cet Acte d'Accusation, à l'aide duquel on a condamné un de ses membres à dix années de réclusion, parceque, entr'autres choses, des magistrats et des experts avaient pris un Saint-Jean pour un Dix(1) ; c'est là une bévue que tous les décrets du monde n'effaceront jamais.

Comme il n'est guère probable que les regrets dont je viens de parler soient exprimés publiquement par mes savants confrères dans un délai très rapproché, et comme pourtant, il importe à la gloire de l'Institut, à laquelle je ne cesserai jamais de porter un vif intérêt, qu'un document tel que l'Acte d'Accusation ne puisse pas passer inaperçu sans qu'aucune voix s'élève à l'Institut pour signaler les innombrables erreurs qu'il contient, je prendrai la liberté, moi indigne, de montrer qu'on aurait tort à l'étranger si l'on accusait ce grand corps de donner un assentiment, même tacite, à de telles bévues, et que, si l'Institut se tait, c'est qu'il croit au-dessous de sa dignité de redresser les méprises de gens qui ne savent pas lire(2).

Ne pouvant pas signaler toutes les erreurs à la fois, permettez, Monsieur le Président, que, pour ne pas abuser de votre temps, je me borne aujourd'hui à la discussion de cette partie de l'Acte d'Accusation qui est relative à l'Institut ; c'est un sujet qui ne saurait manquer de vous intéresser. Ce que je vais dire suffira pour vous donner la mesure des erreurs à l'aide desquelles on a cru m'accabler. Je vais reproduire d'abord tout ce qui, dans l'Acte d'Accusation, se rapporte aux archives de l'Institut.

" Les archives de l'Institut, placées sous une surveillance spéciale, ne sont accessibles qu'aux académiciens.

(1) " C'est (m'écrivait ces jours-ci un savant français) la plus grosse *bourde* qui ait été commise depuis cinquante ans " Voyez à cet égard ma *Lettre à M. Barthélemy Saint-Hilaire*, pag. vi—xiv.

(2) On a vu dans ma *Lettre à M. Barthélemy Saint-Hilaire*, (pag. vi—xiv) que non seulement les experts ont lu *Dix* à la place de *Jean*, mais qu'ils ont lu aussi *Trucchi* pour *Trechi*, et que ces erreurs grossières sont devenues la base des plus graves accusations dirigées contre moi.

" Les ouvrages de science et les inventions nouvelles étant soumis à l'approbation de l'Académie qui les fait examiner par des rapporteurs choisis dans son sein, les archives devraient seules posséder les documents de ce genre, qui sont autant de précieux autographes émanés des célébrités de la science française. De tels documens ne peuvent entrer dans le commerce. Aussi, jusqu'en 1839, les ventes publiques n'en offrirent pas un seul. On y avait bien rencontré des lettres autographes de l'Alembert, Buffon, Cassini, Condorcet, Fontenelle, Lalande, etc.; mais ce fut une nouveauté que la mise en vente, à la date du 27 février 1839, de deux rapports, l'un de Clairaut et d'Alembert, l'autre de d'Alembert et Lemonnier, sur des ouvrages soumis à l'Académie; et cette nouveauté était due à Libri. C'est encore lui, et lui seul, d'après les constatations de l'expertise, qui a vendu des documens du même genre, notamment deux autres rapports de d'Alembert.

" Quarante six rapports écrits ou signés par Buffon, Vaucanson, Cassini, d'Alembert, Laplace, Condorcet, Legendre, de Jussieu, Fourcroy, etc.; ont été trouvés dans les papiers de Libri. C'est plus qu'il n'en a paru dans toutes les ventes, et ces documens n'ont pas encore figuré sur les catalogues. On a saisi en même temps de nombreuses lettres adressées par diverses personnes à Bignon, Mairan, secrétaires de l'Académie des sciences, et à Lebeau, secrétaire de l'Académie des inscriptions; deux notes, dont une de la main de Bignon, sur l'état des pensions des membres de l'Académie des sciences en 1725; une note scientifique du géographe de l'Isle, lue à l'Académie des sciences en 1726; diverses autres notes analogues déposées à l'Académie des sciences ou des inscriptions; six lettres de ministres adressées aux présidents ou directeurs de l'Académie des Sciences de 1775 à 1799, et qui trouvent leur place dans le carton N°. 35 des archives; une chemise vide dans laquelle on lit: " Procès-verbal des expériences de M. Lavoisier.... déposé à l'Académie le 7 décembre, 1773." Le mémoire que cette chemise renfermait a été vendu par Libri, sous le N°. 265, le 16 avril 1846, comme étant, d'après le catalogue, des plus importants pour la science de la chimie. La provenance de ces lettres et rapports ne peut être un instant douteuse; ce sont des documens qui appartiennent nécessairement aux Archives. Que peut-il d'ailleurs manquer à la preuve de la soustraction, quand on découvre en même temps un procès-verbal original d'une séance de l'Académie des sciences signé Laplace, Lacépède, et Prony; puis une quittance rédigée et signée par Euler pour le prix qu'il remporta à l'Académie des sciences en 1772? On a saisi en outre, cinq lettres autographes laissant encore voir les traces d'une estampille ovale, imprimée à l'encre rouge, représentant un soleil au milieu de trois fleurs de lis, et qu'on a tenté d'enlever à l'aide d'un acide. Cette estampille appartient à l'Institut. La première est de

Renaldini à Roberval. On ne connaît pas de lettre de Renaldini qui ait passé dans les ventes. La seconde est de Torricelli au père Mersenne. Il n'a paru dans le commerce qu'une seule lettre de Torricelli, mais elle était adressée à Roberval, et c'est Libri qui la mettait en vente en 1846. Dans le catalogue des manuscrits vendus par Libri à Lord Ashburnham, on lit sous le N°. 1238: "Correspondance inédite et autographe de Torricelli avec le père Mersenne, précieux manuscrit in-folio, 17e siècle, sur papier." Or, d'une part, on ne trouve pas trace, dans les papiers de Libri, de l'acquisition qu'il aurait faite de ces lettres: d'autre part, le carton N°. 29 des Archives renferme une chemise intitulée, *Lettres de Torricelli à Carcavi, Roberval, Mersenne;* et il ne reste dans cette chemise qu'une copie d'une lettre de Torricelli au père Mersenne. Quant aux trois autres lettres, dont deux de Borda, rien non plus n'en justifie la possession entre les mains de Libri.

"Au catalogue des manuscrits vendus à Lord Ashburnham, figure un article ainsi conçu: "Manuscrits inédits et autographes de Frénicle, célèbre géomètre français du 17e siècle (très-important), in folio sur papier." Or, le carton N°. 33 des Archives contient l'indication d'ouvrages de Frénicle qui ont disparu. On lit dans le même catalogue: "Correspondance inédite et autographe "de Descartes avec le P. Mersenne, précieux manuscrit in-folio "et in 4°. 17e siècle, sur papier." "Le même carton, N°. 33, indique soixante-cinq lettres de Descartes au P. Mersenne, qui ne s'y trouvent plus. Le carton 27 renferme une chemise intitulée: "*Lettres de Descartes au P. Mersenne, et au Chevalier Cavendish,* etc." On n'y voit plus que trois lettres adressées au P. Mersenne.

"En 1836, Libri a acheté à la vente de Perrin de Sanson un recueil de lettres adressées à Gassendi, qui renfermait, d'après les énonciations du catalogue, au moins une, et peut-être plusieurs lettres de Descartes au P. Mersenne. Depuis cette époque il s'est rendu acquéreur des papiers d'Arbogast, contenant, dit-il, de nombreux autographes, notamment de Descartes. Mais alors même qu'il justifierait de l'acquisition légitime d'un certain nombre de ces pièces, il resterait toujours à sa charge le fait de la détention inexplicable de documents nécessairement soustraits à l'Institut."

L'Acte d'Accusation est si diffus, il est rédigé d'une manière si peu logique(1), les assertions qu'on y trouve sont si souvent séparées des argumens ou des hypothèses sur lesquels on a cru pouvoir les appuyer, qu'on serait fort éloigné

(1) Ce document, on a dû s'en apercevoir, est en outre écrit dans un bien singulier français. C'est là un point sur lequel je pourrai revenir.

de se rendre compte de la pensée qui a dirigé les magistrats, si l'on s'en tenait à un paragraphe spécial, et à ce qui, dans ce document, peut concerner un établissement particulier. Sans rien faire perdre à la gravité de l'Accusation, et en fortifiant, au contraire, chaque charge particulière par les considérations générales qui s'y rapportent, je vous demanderai la permission, M. le Président, de répondre point par point à cette partie de l'Acte d'Accusation que je vais résumer en y ajoutant successivement les arguments répandus dans tout ce document, et à l'aide desquels on a cru pouvoir me condamner. Je les reproduirai ici sans nullement les affaiblir. Bien que par ce moyen je puisse être entraîné à quelques répétitions, il me serait difficile de faire autrement dans une réfutation dont les différentes parties doivent paraître séparément. Car, tout en repoussant les unes après les autres, dans chacune de mes réponses, les charges que l'on a dirigées contre moi, j'aurai sans cesse à combattre les tendances des magistrats et les principes généraux qu'ils ont posés dans l'Acte d'Accusation.

Le procédé employé constamment par les magistrats, le voici : ils croient savoir, ou ils supposent, que telle pièce ou tel objet a été entre mes mains ; ils croient savoir, ou ils supposent, que la même pièce ou le même objet avait appartenu à un établissement public, et ils n'admettent même pas la possibilité que la chose incriminée ait pu passer par d'autres mains avant d'arriver dans les miennes. Pour exclure d'avance cette possibilité, croyant connaître, par l'expertise, les premières ventes dans lesquelles auraient figuré des objets qui m'appartenaient, ils déclarent hardiment que c'est moi qui *le 27 Février* 1839 (c'est l'Acte d'Accusation qui détermine cette date capitale), ai mis le premier en vente ces objets, et que, par suite, c'est moi qui les ai dérobés. Notez bien qu'il ne s'agit pas de tel ou tel objet particulier dont la possession serait considérée comme criminelle : l'Acte d'Accusation a horreur de toute indication précise ; c'est l'espèce, le genre même qu'on proscrit d'une manière absolue. Ce n'est pas tel rapport fait à l'Académie des Sciences ou à l'Académie des Inscriptions, ce n'est pas une lettre adressée au secrétaire perpétuel ou au président de l'une ou de l'autre de ces Académies ; ce n'est pas, enfin, une pièce déterminée ayant pu appartenir à une des Académies, dont la possession est incriminée. Ce sont *tous* les mémoires, *tous* les rapports présentés aux différentes Académies; ce sont *toutes* les pièces de la correspondance, ce sont *tous* les documents, en un mot, qui ont pu appartenir, n'importe à quelle époque, à une de ces compagnies savantes, dont la possession est considérée comme un crime. *De tels documents,* dit l'Accusation, *ne peuvent entrer dans le commerce,* et elle ajoute plus loin, *alors même qu'il* (Libri) *justifierait de l'acquisition légitime d'un certain nombre de ces pièces, il resterait toujours à sa charge le fait de la détention inexplicable de documents nécessairement soustraits à l'Institut.* Ces principes sont bien absolus : nous en verrons les conséquences plus loin(1).

Pour déterminer à mon détriment l'époque à laquelle certains documents auraient été mis d'abord en circulation, les experts et les magistrats se sont appuyés sur un ouvrage dont j'ai eu l'occasion de dire deux mots dans ma *Lettre à M. Barthélemy Saint-Hilaire.* Cet ouvrage c'est le *Manuel de l'Amateur d'Autographes,* par M. Fontaine(2) ; livre précieux, où, entre autres choses, on apprend à ranger Beaumarchais parmi les *femmes distinguées,* et Gabrielle d'Estrées parmi les personnages du xve siècle ; où l'on apprend aussi qu'il existe des lettres adressées par Pascal à son pseudonyme Dettonville(3). Pour ne pas se répéter sans cesse, il faut glisser rapidement sur ce point ; cependant, lorsqu'on voit les magistrats trancher avec une telle assurance des questions de bibliographie ou d'érudition, si intimement liées à ce qui forme l'objet principal de l'Accusation, il est impossible de ne pas chercher à se rendre compte du poids des autorités sur lesquelles ils se sont appuyés pour me condamner. Qu'on me permette donc de faire remarquer que ce beau livre de M. Fontaine, cité d'abord textuellement par les magistrats(4), et dont ils reproduisent parfois les

(1) Lisez pag. 14, 27, et suiv.

(2) Paris, 1836, in-8vo.

(3) Voyez, pour plus de détails ma *Lettre à M. Barthélemy Saint-Hilaire,* pag. 21, et suiv.

(4) " Avant 1836, l'autographe de Casaubon," dit le *Manuel de l'amateur d'autographes,* par Fontaine, " bien que recherché, n'avait point encore passé dans les ventes." (Lisez l'*Acte d'Accusation* dans le *Moniteur Universel,* du Samedi 3 Août 1850, pag. 2695). J'ai déjà cité comme *spécimen,* dans ma Lettre à M. Barthélemy Saint-Hilaire, une vente antérieure à 1836, dans laquelle avaient figuré des autographes de Casaubon.

assertions sans le nommer(1), ne contient pas seulement les balourdises que je viens de rappeler, mais que lors même que l'auteur cherche à determiner les autographes qui auraient passé dans les ventes avant 1836, il tombe dans les erreurs et les contradictions les plus étranges. Ainsi pendant qu'aux pages 235, 271, 215, 232, on lit dans le *Manuel* de M. Fontaine, que les autographes d'Hobbes, de Peiresc, de Ducange, d'Haller, n'avaient pas encore passé dans les ventes en 1836, époque de la publication de ce livre, on trouve aux pages 95, 99, 133, 134, de ce même *Manuel*, l'indication de différentes ventes dans lesquelles ces mêmes autographes d'Hobbes, de Peiresc, de Ducange, et d'Haller, avaient déjà figuré. Voilà quel est le Code des magistrats en fait d'érudition; voilà sur quelles autorités ils s'appuient pour condamner les gens! J'aurai l'occasion de revenir sur ce livre précieux. Pour le moment je ferai remarquer qu'il ne faut pas imputer à M. Fontaine, dont le livre a paru en 1836, des assertions erronées de l'Acte d'Accusation qui se rapportent à des temps plus rapprochés de nous. Ce sont les experts, ce sont les magistrats qui, se faisant les continuateurs de M. Fontaine, doivent porter seuls la responsabilité des erreurs contenues, par exemple, dans le petit paragraphe suivant, paragraphe que je reproduis en l'isolant, afin de faire bien comprendre ce que valent les assertions les plus tranchantes de l'Acte d'Accusation:

"Ce fut une nouveauté que la mise en vente, à la date(2) du 27 février 1839, de deux rapports, l'un de Clairaut et d'Alem-

(1) Par exemple dans ce paragraphe de l'Acte d'Accusation, où ils disent: " Libri est le premier qui ait produit des autographes de Peiresc dans les ventes publiques." (*Moniteur*, pag. 2695). C'est là une des innombrables bévues de M. Fontaine, qui pourtant a rectifié, sans le vouloir il est vrai, à la page 99 de son *Manuel*, cette erreur qui se lit à la page 271 de ce même livre. Les magistrats, bien entendu, ont adopté la bévue, et n'ont eu aucun égard à la rectification.

(2) Quelques lignes plus haut les magistrats avaient déjà dit, au sujet des Rapports présentés aux Académies. (Voyez ci-dessus pag. 8): " De tels documents ne peuvent entrer dans le commerce. Aussi, jusqu'en 1839, les ventes publiques n'en offrirent pas un seul." Il n'y a donc pas de malentendu possible. C'est en 1839 que ces documents auraient été mis en vente pour la première fois. Cette date est un des points fondamentaux de l'Accusation.

bert, l'autre de d'Alembert et Lemonnier, sur des ouvrages soumis à l'Académie ; et cette nouveauté était due à Libri. C'est encore lui, et lui seul, d'après les constatations de l'expertise, qui a vendu des documents du même genre, notamment deux autres rapports de d'Alembert."

Nous allons maintenant opposer de simples faits à cette suite d'hypothèses erronées, et il suffira d'une bien courte discussion pour faire écrouler tout ce bel échafaudage.

J'admets, pour le moment, que les pièces qu'on dit avoir trouvées chez moi n'aient pas été introduites dans mon appartement après mon départ ; j'admets de même que les deux Rapports qu'on dit avoir été mis en vente en 1839 m'aient réellement appartenu. Quoique la manière irrégulière(1) dont l'expertise et les saisies ont été faites, doivent inspirer la plus grande méfiance, je ne prendrai pas la peine de contester ces assertions du parquet, et je me bornerai à appliquer les principes posés par les magistrats dans la vue de me nuire. Nous verrons sur qui tomberont les coups qui m'étaient destinés.

D'après ce qui précède, il est évident que le blâme que les magistrats ont déversé sur moi, pour avoir montré en 1839 que je possédais des Rapports ou d'autres pièces qui ont pu appartenir autrefois aux archives des différentes Académies, doit s'appliquer également à tous ceux qui avant moi auraient possédé des pièces analogues. Dans l'immense quantité de faits que je pourrais opposer aux assertions des magistrats, je me bornerai à un très petit nombre(2), qui suffiront pour montrer quelle légèreté et quelle ignorance ont présidé à l'instruction dirigée contre moi. A l'Acte d'Accusation, qui dit que j'ai été LE PREMIER à mettre en vente, en 1839, des Rapports provenant des Académies, j'opposerai le catalogue de la vente des autographes de M. Monmerqué, *membre de l'Institut* et *Conseiller à la Cour Royale de Paris,* vente qui eut lieu le 2 Mai 1837, et où je trouve,

(1) C'est là un point que je traiterai *ex-professo* une autre fois ; voyez du reste, plus loin pag. 65.

(2) Ici comme plus loin, pag. 27, et suiv. je ne prends les exemples que chez des collecteurs, dont les noms ont brillé sur la liste de l'Institut.

au No. 115, un rapport de Berthollet(1), qui porte cette indication :

" Berthollet, savant chimiste.
" Rapport entièrement écrit de sa main et signé du 12 mars, 1785, sur l'aéromètre."

Au même Acte d'Accusation, qui, après avoir dit que *cette nouveauté était due à M. Libri,* ajoute si positivement :

" C'est encore lui, et lui SEUL, d'après les constatations de l'expertise, qui a vendu des documens du même genre, notamment deux autres rapports de d'Alembert."

Je répondrai par le catalogue de la vente des autographes de Mme. la Marquise de Dolomieu, où je vois sous les noms de Condorcet et de Jussieu, les indications suivantes :

"No. 125. Délibération des commissaires de l'Académie des Sciences, du 24 mars 1790, relativement à des prix décernés et à décerner pour des dissertations sur les planètes, et signée DE CONDORCET, PINGRÉ, BOSSUT, CASSINI et BAILLY. 1 page et demie in-8.
" No. 249. JUSSIEU (Antoine-Laurent de), célèbre botaniste.
" Rapport aut. sig., fait à l'Académie des Sciences, sur l'ouvrage imprimé de M. Achille Richard intitulé : *Nouveaux Eléments de botanique appliqués à la médecine* (sans date), 2 pages in-4."

J'y répondrai également par le catalogue de la vente de M. Huzard, membre de l'Institut, où je vois au No. 5836, (IIIème Part. p. 494), dans un lot de quinze pièces, l'indication de divers rapports de Vic D'Azyr portés au catalogue ainsi qu'il suit :

" La 4ème (pièce) est un Rapport sur l'Ouvrage de Geoffroy, relatif à *l'Organe de l'Ouïe.* La 6ème (pièce) est un Rapport sur la Machine de l'Abbé Mical : cette pièce est de plus revêtue des signatures MILLIN, LEROY, et LAPLACE."(2)

J'y répondrai, enfin, par un rapport fait à l'Académie des Sciences le 31 Janvier 1776, et signé par Adanson, Lavoisier

(1) Je dirai une fois pour toutes, qu'aucune des pièces, qui ont figuré aux ventes Monmerqué, Dolomieu, Huzard, etc. etc., et dont il est question dans cette *lettre,* ne m'avait jamais appartenu.
(2) Le No. 5389 du même catalogue contient d'autres *Rapports sur divers sujets.*

et Messier, rapport qui est entre mes mains, et qui provient des papiersde Buache, Membre de l'Institut, comme le prouvent des annotations qu'il porte et qui sont parfaitement identiques(1) à celles qu'on voit sur la plupart des pièces qui composaient cette immense collection de correspondances, de mémoires, de pièces de toute nature, sorties de l'Observatoire, du Dépôt de la Marine et de l'Institut.

Dans ma Lettre à M. Barthélemy Saint Hilaire j'ai déjà dit comment ces pièces furent mises en vente en 1826 ; elles se rouvent indiquées en bloc, en deux lots, composés de QUATRE-VINGT-NEUF PORTEFEUILLES OU CARTONS, à la fin du catalogue de Buache, et se sont répandues partout. Quand j'aurai à repousser les calomnies sorties directement de l'Observatoire, je reviendrai en détail sur la collection de Buache et sur ce qu'elle contenait ; je dirai ce qu'elle est devenue, et où je m'en suis procuré, même récemment, des parties. Pour le moment je dois me borner à des indications très sommaires.

Je pourrais continuer l'énumération des démentis donnés par des catalogues qui sont entre les mains de tout le monde, aux assertions si plaisamment magistrales qui ont servi de base à ma condamnation. Mais ayant beaucoup d'autres choses à dire, je dois abréger autant que possible, et il me semble qu'à des juges qui affirment une fausseté, et qui, à l'aide de cette fausseté, vous condamnent à dix années de réclusion, on ne peut mieux répondre qu'en montrant par quelques exemples bien choisis, que les faits disent NON chaque fois que l'Accusation dit OUI. Lorsqu'à l'aide de ces faits j'aurai renversé, pièce à pièce, toutes les assertions pompeuses, toutes les insinuations malveillantes, toutes les suppositions ridicules de l'Acte d'Accusation, et qu'il ne restera plus qu'un monceau de ruines de ce monument colossal dressé contre moi, je m'embarrasserai fort peu de la condamnation qui m'a frappé, et d'une flétrissure qui rejaillira sur le front de mes ennemis(2).

Reprenons. Après avoir si bien prouvé que j'ai mis en circulation *le premier*, et que moi SEUL, j'ai fait passer dans des ventes des Rapports provenant des archives de l'Institut,

(1) Voyez plus loin, pag. 39, et suiv.

(2) C'est un célèbre géomètre allemand, M. Stern, qui dans le *Gelehrte Anzeigen*, publié sous la direction de l'Académie des Sciences de Göttingen, a déjà dit que j'avais imprimé une *marque d'infamie* sur le front de mes calomniateurs.

l'Acte d'Accusation va plus loin, et il me trouve coupable parceque j'aurais possédé des lettres adressées par diverses personnes à des secrétaires ou à des présidens des différentes Académies, des notes ou des mémoires lus aux séances de ces mêmes Académies, des procès-verbaux, des quittances, et d'autres pièces analogues. Comme je tiens par-dessus tout à l'exactitude, avant de répondre, je vais reproduire ici un passage de l'Acte d'Accusation que j'ai déjà donné plus haut, mais qu'il est bon d'avoir sous les yeux au moment de lire ma réponse :

"On a saisi en même temps de nombreuses lettres adressées par diverses personnes à Bignon, Mairan, secrétaires de l'Académie des sciences, et à Lebeau, secrétaire de l'Académie des inscriptions ; deux notes, dont une de la main de Bignon, sur l'état des pensions des membres de l'Académie des sciences en 1725 ; une note scientifique du géographe de l'Isle, lue à l'Académie des sciences en 1726 ; diverses autres notes analogues déposées à l'Académie des sciences ou des inscriptions ; six lettres de ministres adressées aux présidents ou directeurs de l'Académie des sciences de 1775 à 1799, et qui trouvent leur place dans le carton N°. 35 des archives ; une chemise vide sur laquelle on lit : "Procès-verbal des expériences de M. Lavoisier . . . déposé à l'Académie, le 7 décembre 1773." Le mémoire que cette chemise renfermait a été vendu par Libri, sous le N°. 265, le 16 avril 1846, comme étant, d'après le catalogue, *des plus importants pour la science de la chimie.* La provenance de ces lettres et rapports ne peut être un instant douteuse ; ce sont des documens qui appartiennent nécessairement aux Archives. Que peut-il d'ailleurs manquer à la preuve de la soustraction, quand on découvre, en même temps, un procès-verbal original d'une séance de l'Académie des sciences signé Laplace, Lacépède, et Prony ; puis une quittance rédigée et signée par Euler pour le prix qu'il remporta à l'Académie des sciences en 1772 ? On a saisi en outre cinq lettres autographes laissant encore voir les traces d'une estampille ovale imprimée à l'encre rouge représentant un soleil au milieu de trois fleurs-de-lis et qu'on a tenté d'enlever à l'aide d'un acide. Cette estampille appartient à l'Institut."

Ce paragraphe contient un si grand nombre d'erreurs, on y rencontre tant d'hypothèses malveillantes appuyées sur de fausses assertions, que, malgré mon désir d'abréger et en me restreignant à un très petit nombre de preuves, je crains qu'on ne me trouve beaucoup trop prolixe ; mais c'est la faute des magistrats qui ont rédigé l'Acte d'Accusation. S'ils n'avaient pas accumulé tant de faussetés, je n'aurais pas tant de démentis à leur donner.

Je ferai connaître plus loin(1) l'origine des pièces qui ont été en ma possession ; pour le moment, je me borne à combattre les faux raisonnements et à contredire les suppositions mensongères sur lesquelles s'appuie l'Accusation. Qu'on me permette de résumer en deux mots les charges dont je suis l'objet sur ce point.

Les magistrats croient savoir que certaines lettres qui m'avaient appartenu, sont sorties des archives de l'Institut. Les preuves qu'ils en donnent, sont que ces lettres ont été adressées à des secrétaires de l'Académie des Sciences, (parmi lesquels ils citent Bignon), ou à des secrétaires des autres Académies. Ils supposent qu'aucune pièce, qu'aucun mémoire, qu'aucun rapport ayant appartenu à une époque quelconque à une de ces Académies, n'a jamais pu sortir des Archives avant le moment où on aurait rencontré quelques-unes de ces pièces entre mes mains. Ils admettent ainsi la parfaite régularité de la conservation de ces documents, régularité qui n'aurait jamais été interrompue. Pour prouver que les pièces incriminées ont dû être soustraites récemment des archives de l'Institut, ils citent cinq lettres autographes, laissant voir encore les traces d'une estampille représentant un soleil au milieu de trois fleurs-de-lis, et ils ajoutent : *Cette estampille appartient à l'Institut*. C'est donc moi, moi SEUL, qui ai mis au pillage les archives de l'Institut, restées intactes jusqu'alors ; c'est moi, moi SEUL, qui ai mis en vente des documents que personne n'avait jamais possédés ni mis en circulation ; la possession prouve la soustraction ; et lors même que je pourrais montrer la provenance légitime de ces pièces, si je n'étais pas un *voleur*, je serais un *recéleur*. C'est l'Accusation qui le dit en ces propres termes :

"La provenance de ces lettres et rapports NE PEUT ÊTRE UN INSTANT DOUTEUSE ..... Que peut-il d'ailleurs manquer à la preuve de la soustraction ? ..... Mais alors même qu'il (Libri) justifierait de l'acquisition légitime d'un certain nombre de ces pièces, il resterait toujours à sa charge le fait de la détention

(1) Voyez pag. 40—51, etc.

inexplicable de documens nécessairement soustraits à l'Institut."

L'Accusation, on le voit, dans sa confiance triomphale NE DOUTE PAS UN INSTANT que la possession seule d'un document qui aurait appartenu aux Académies, d'une lettre par exemple adressée à BIGNON, SECRÉTAIRE DE L'ACADÉMIE DES SCIENCES(1), ne soit une preuve de culpabilité. Si l'on peut prouver l'origine, on est un recéleur; si on ne le peut pas, on est un voleur. Vous verrez plus loin, Monsieur le Président, quelles sont les conséquences nécessaires de ces principes posés d'un manière si tranchante par certains magistrats.

Il me semble d'abord, que quand on se permet de parler de l'Institut, et qu'on se propose de porter atteinte à l'honneur d'un membre de ce grand corps, il faudrait n'aborder ce sujet qu'avec gravité, et presque en tremblant. Les Académies dont il se compose ne forment pas une compagnie de lettrés chinois, dont il serait permis à la rigueur d'ignorer l'histoire. Ce sont les corps qui, depuis environ deux siècles, ont contribué le plus à la gloire intellectuelle de la France, ce sont les corps auxquels, depuis l'origine, tous les grands hommes de l'Europe ont tenu à honneur d'être associés. Les sommités de la magistrature ont trop souvent brigué l'honneur de voir leurs noms inscrits sur les registres des Académies pour qu'il soit permis à n'importe quel magistrat, ce magistrat ne fût-il que M. Hatton, M. Puget ou M. Portier(2), d'ignorer absolument les annales du génie français. Mais, en avançant, on en sera de plus en plus convaincu, dans toute cette persécution l'ignorance, le mensonge et la haine se disputent le pas. On a trouvé, dit-on, chez moi des lettres de Bignon (on ne dit pas(3) lequel), et comme on veut absolument que j'aie pillé les papiers de

(1) Les magistrats sont si certains que Bignon *a été* secrétaire de l'Académie des Sciences qu'ils ont répété deux fois cette bévue dans l'Acte d'Accusation. " On a saisi en même temps de nombreuses lettres, adressées par diverses personnes à Bignon, Mairan, secrétaires de l'Académie des Sciences.... Plusieurs lettres adressées à Bignon, Mairan, et Lebeau, secrétaires de l'Académie." (*Moniteur*, pag. 2694 et 2697). Il est à peine nécessaire de faire remarquer que, dans cette dernière phrase, on a fait de l'Académie des Sciences et de celle des Inscriptions, une seule Académie.

(2) Ce n'est pas la dernière tois que j'aurai à parler de ces magistrats qui, à des degrés différens, ont pris une grande part à l'instruction dirigée contre moi.

(3) On n'a qu'à ouvrir la *Biographie Universelle* pour voir combien

l'Institut, on fait de ce Bignon, un secrétaire de l'Académie des Sciences; et l'on en conclut qu'en cette qualité il a dû laisser dans les Archives de l'Académie, les lettres qui lui étaient adressées; que par conséquent j'ai dû dérober celles que je possédais. Or, aucun des Bignon (famille illustre dans la robe et dont des magistrats devraient mieux connaître(1) l'histoire) n'a été secrétaire de l'Académie des Sciences, ni d'aucune des autres Académies dont se compose aujourd'hui l'Institut. Donc, je n'ai pas pu prendre dans les Archives de l'Académie des papiers qui n'ont jamais dû y être(2). Il n'est pas dans mes habitudes de m'exprimer d'une façon si sèche; mais je réponds ici, Monsieur le Président, à des hommes qui m'ont appris à NE PAS DOUTER. Les historiens de la magistrature française ont remarqué, qu'un des juges de

d'hommes distingués ont porté le nom de Bignon. Des lettres adressées aux différens Bignon, se trouvent dans beaucoup de collections, comme le savent tous ceux qui ont quelque connaissance des autographes. L'Acte d'Accusation, en parlant de *Bignon* d'une manière absolue, a pétri tous les Bignon ensemble pour en former un secrétaire de l'Académie des Sciences.

(1) Voici comment s'exprime Mairan dans l'éloge de l'Abbé Bignon, *membre honoraire*, de l'Académie des Sciences. " Il étoit fils puîné de Jerôme Bignon, Conseiller d'Etat ordinaire, Avocat général au Parlement de Paris, et maître de la librairie du Roi, et de Suzanne Phelypeaux de Pontchartrain; et petit-fils de Jérôme Bignon, cet illustre Magistrat que les derniers siècles peuvent hardiment opposer aux plus grands personnages de l'Antiquité." (*Dortous de Mairan, Eloges des Académiciens,* etc. Paris, 1747, in-12. pag. 288—289).

(2) Si l'*Abbé Bignon* est le Bignon dont, pour me nuire, l'Acte d'Accusation a fait un secrétaire de l'Académie des Sciences, voici ce que je lis dans son éloge, par Mairan: " Il entretenoit des correspondances dans tous les pays du monde.... M. l'Abbé Bignon a laissé parmi ses papiers un grand nombre de Lettres de Sçavans, et les minutes de ses réponses. On doit aussi y avoir trouvé plusieurs de ses sermons qu'il avoit revus, et mis en ordre pendant sa retraite pour être publiés après sa mort, si sa famille et ses amis le jugent à propos ... Ils (ses ouvrages) sont tous Manuscrits et entre les mains de sa famille, ainsi qu'il a été dit dans son Eloge à l'exception de son *Discours prononcé le* 15 *Juin* 1693, *lorsqu'il fut reçu* à l'Académie Françoise " (*Dortous de Mairan,* ibid, pag. 308, 311 et 313). Il est probable que Mairan, qui était *véritablement* secrétaire de l'Académie des Sciences à l'époque de la mort de Bignon, savait mieux que les rédacteurs de l'Acte d'Accusation ce qu'étaient devenus les papiers et la correspondance de ce savant Abbé, papiers, qu'il nous dit être entre les mains de sa famille, et non pas dans les archives de l'Académie des Sciences; or il devait connaître ces archives au moins aussi bien que les experts.

Lally avait demandé, s'il était vrai que Pondichéry fût à deux cents lieues de Paris. Alors l'ignorance savait encore douter; aujourd'hui elle procède avec plus d'assurance: elle affirme que Bignon a été secrétaire de l'Académie des Sciences, et s'empresse de me condamner sur ce beau motif. Notre siècle est le siècle du progrès.

Et cette estampille avec les trois fleurs-de-lis *qui appartient,* dit l'Acte d'Accusation, *à l'Institut?* Qu'en dites-vous, Monsieur le Président? N'est-il pas souverainement ridicule de dire d'une manière si affirmative: *Cette estampille appartient à l'Institut,* lorsqu'on sait que l'Institut a été fondé par la Convention, laquelle n'aurait certes pas été chercher les armoiries de cet *infâme Capet* pour en former l'écusson d'une institution d'origine républicaine. C'est là une balourdise qu' aurait su éviter le fameux Hérault de Séchelles lui-même, qui, chargé en 1793 de rédiger *pour Lundi,* un plan de Constitution, demandait les *lois de Minos*(1) afin de s'en aider dans son travail. L'Institut, qui depuis sa création a dû changer à plusieurs reprises son estampille par suite de révolutions politiques, qui ne sont pas très rares en France, n'a jamais repris, que je sache, ce sceau du soleil et des fleurs-de-lis, qui, comme nous l'apprend Fontenelle(2), fut adopté par l'Académie des

(1) Voici la lettre par laquelle cet ancien conventionnel demandait ces lois. Le *fac-simile* se voit dans *l'Isographie :*

"7 Juin 1793, l'an 2 de la répub.

"Cher concitoyen,

"Chargé avec quatre de mes collègues de préparer pour Lundi un plan de Constitution, je vous prie en leur nom et au mien de nous procurer sur le champ les loix de Minos, qui doivent se trouver dans un recueil de loix grecques, nous en avons un besoin urgent.

"HÉRAULT DE SÉCHELLES.

"Salut, amitié, fraternité, au brave Citoyen Desaulnaye."

Il est bon de noter que l'erreur dans laquelle est tombé Hérault de Séchelles n'a fait que le couvrir de ridicule, et que, sans préjudice du ridicule, les erreurs dont fourmille l'Acte d'Accusation ont servi de prétexte pour me condamner à dix années de réclusion.

(2) " On travailla ensuite à trouver un Sceau et une Devise pour la Compagnie. Le Sceau fut un soleil, symbole du Roi et des Sciences, entouré de trois Fleurs de Lis " (Voyez l'*Histoire du renouvellement de l'Académie des Sciences en* 1699, *par Fontenelle,* en tête des *Eloges des Académiciens,* par le même. *La Haye,* 1731, 2 vols. in-12. tom. I. pag. 17).

Sciences, après son renouvellement en 1699, figura d'abord sur le titre des volumes des Mémoires de l'Académie, fut remplacé ensuite par trois fleurs-de-lis seulement sur le titre, et fut enfin relégué dans des fleurons, ou des culs-de-lampe à l'intérieur des volumes. Il avait déjà disparu complètement du volume, publié en 1790, des Mémoires de l'Académie des Sciences pour l'année 1788, bien que sur le titre figurassent encore les trois fleurs-de-lis, sans soleil, c'est-à-dire, les armes de France. Non seulement cette vieille estampille du soleil au milieu de trois fleurs-de-lis, qui a plus de cent cinquante ans de date, n'a jamais appartenu à l'Institut, mais elle n'a jamais appartenu aux autres Académies. L'Académie des Inscriptions et Belles-Lettres, par exemple, prit pour sceau, vers la même époque, les trois fleurs-de-lis avec le portrait du roi au milieu(1). Certains magistrats, on me l'assure, cultivent avec succès le logogriphe et le rébus. Si à ces études intéressantes, ils ajoutent celle des sceaux et des devises, ils s'abstiendront, peut-être, de condamner désormais un homme à dix années de réclusion, parceque, entre autres considérants, l'estampille de l'Institut est UN SOLEIL AU MILIEU DE TROIS FLEURS-DE-LIS. Cela ne rappelle-t-il pas ce grief produit contre l'infortuné Lally, qu'on fit marcher au supplice un bâillon dans la bouche, parceque, entre autres considérants, *il avait fait chanter un capucin*(2) *dans la rue* ? L'analogie est assez frappante ; il n'y manque que le bâillon.

Toutes ces faussetés, mises en avant avec un ton si magistral, ont pour but, de forger, n'importe par quels moyens, des charges à l'aide desquelles on puisse espérer m'accabler, et de faire croire, en ce qui concerne l'Institut, qu'on aurait découvert chez moi des objets qui nécessairement devaient se trouver la veille dans les archives des différentes Académies. Ce sont ces faussetés-là que j'ai à démentir en ce moment pour montrer quel est l'esprit dans lequel l'acte d'Accusation est rédigé, et quelle est la valeur de cet amas de

(1) " Pour le sceau le Roy trouva bon que l'Académie prit les armes mesmes de France avec une médaille d'or au milieu, où serait gravée la teste de Sa Majesté." (*Histoire de l'Académie Royale des Inscriptions et Belles-Lettres*, Paris, 1717, et suiv. in-4to. tom. I. pag. 24).

(2) C'est, on ne le sait que trop, le No. 105 des griefs accumulés contre Lally.

puériles inventions et d'hypothèses absurdes, qui a servi de base à la persécution dont je suis l'objet.

Et d'abord, quant à cette conservation parfaite des collections appartenant aux anciennes Académies et dont rien, au dire de l'Accusation, n'aurait jamais altéré la complète intégrité, ce n'est pas vous, Monsieur le Président, qui pourriez croire à de pareilles fables. Si l'on ignore au Palais de Justice l'histoire des Académies, on ne l'ignore pas certes au Palais Mazarin, et vous pouvez apprendre à certains magistrats que l'Académie des Sciences, par exemple, ne possédait pas seulement des archives, mais qu'elle avait aussi un laboratoire, un cabinet rempli d'instruments de physique et d'astronomie, des collections de toute nature d'un très grand prix, et que, malgré les précautions et les inventaires prescrits par les règlemens(1), toutes ces richesses ont disparu *sans qu'on en ait trouvé trace*(2) exactement comme si elles avaient été déposées *sur le bureau de l'un des employés du parquet.*

On me ferait bien plaisir si l'on m'indiquait, par exemple, le carton des Archives dans lequel se trouverait le télescope, dont Galilée s'est servi pour faire ses plus éclatantes découvertes. Ce télescope était *conservé dans le cabinet de l'Académie, à qui un savant Italien*(3) *en a fait présent.* Les

(1) Voici ce que disent à ce sujet les articles XLIII et XLIV du règlement de l'Académie des Sciences, daté du 26 Janvier 1699.

" § XLIII. Le Trésorier aura en sa garde tous les livres, meubles, instrumens, machines ou autres curiosités appartenant à l'Académie, lorsqu'il entrera en charge ; le Président les lui remettra par inventaire ; et au mois de Décembre de chaque année, ledit Président recolera ledit inventaire pour l'augmenter de ce qui aura été ajouté durant toute l'année."

" § XLIV. Lorsque les Savans demanderont à voir quelqu'une des choses commises à la garde du Trésorier, il aura soin de les leur montrer, mais il ne pourra les laisser transporter hors des salles où elles seront gardées, sans un ordre par écrit de l'Académie."

(2) Dans ma *Lettre à M. Barthélemy Saint-Hilaire*, j'ai déjà fait remarquer la charmante désinvolture avec laquelle les magistrats parlent des vols qui se commettent dans le sanctuaire même de la justice. Le passage de l'Acte d'Accusation, où il est question du Cortigiano de Grolier porté à 519 francs à ma vente, ne saurait être assez reproduit :

" Il (ce *Cortigiano*) fut donc saisi entre les mains de l'acquéreur ; mais cet ouvrage, placé sous triple cachet par le Juge d'Instruction de Lyon, parvint sur le bureau de l'un des employés du parquet, et disparut sans qu'on en ait trouvé trace." (*Moniteur*, pag. 2693).

(3) Voyez l'*Histoire de l'Académie des Sciences, depuis son établisse-*

Italiens ont du bon quelquefois ; ce n'est pas le seul présent qu'ils aient fait(1) On me ferait aussi grand plaisir de m'indiquer le coin de la bibliothèque de l'Institut où se voient les six cent soixante volumes tirés en 1673 de la Bibliothèque du Roi, et remis par ordre de Louis XIV à l'Académie Française(2) ; j'aimerais surtout à voir le *sceau original* où l'on avait gravé en 1699 pour l'Académie des Sciences, ce soleil au milieu de trois fleurs-de-lis, qui est devenu (comme l'affirme l'infaillible Acte d'Accusation) l'*estampille de l'Institut !* Faites-vous le représenter, Monsieur le Président ; ce sceau doit exister ; les magistrats l'ont sans doute vu, puisqu'ils en parlent avec tant d'assurance. Mais j'entends d'ici, M. Hatton ou M. Puget s'écrier qu'à la rigueur, la bibliothèque, le cabinet et les collections les plus précieuses des Académies ont bien pu être un peu pillées, mais que les archives sont restées toujours parfaitement intactes, sans perdre une seule feuille de papier. A cette assertion, qui d'elle-même semblerait déjà assez singulière, vous vous empresserez de répondre, Monsieur le Président, en mettant sous le doigt de ces savans magistrats deux passages qui se lisent en tête du volume publié en 1797, des Mémoires de l'Académie des Sciences pour l'année 1790, et du Tome XLVII, imprimé en 1809, des Mémoires de l'Académie des Inscriptions et Belles-Lettres. Dans le premier de ces deux volumes, Jérôme De Lalande, grand ami des sans-culottes, auxquels il montrait la lune sur le Pont-Neuf, (j'entends avec les télescopes de l'Observatoire), et qui savait renchérir sur le brouet noir des Spartiates du temps, en avalant *en soirée* des araignées et des scorpions vivans, attribue aux *distractions* du secrétaire perpétuel les pertes qu'auraient pu subir les archives de l'Académie des Sciences

ment en 1666, etc (Paris, 1733, in-4to. tom. I. pag. 16). Il existe à Florence au Muséum d'Histoire Naturelle, dans un bâtiment attenant au Palais même du Grand-Duc de Toscane, un télescope dont Galilée s'est servi. J'ignore s'il porte quelque part cette *estampille de l'Institut, un soleil au milieu de trois fleurs-de-lis.* Il n'y aurait pas grand mal, ce me semble, à engager les experts à prendre des renseignemens à cet égard. Si c'est M. Lalanne qui est chargé de cette nouvelle expertise, il pourrait, en se rendant à Florence, passer par Plaisance, et visiter cette église de S. Io. IN CANALIBUS, qui lui avait fourni matière à faire de si jolies découvertes dans le *Catullus* de Montpellier.

(1) Lisez ma *Réponse au Rapport de M. Boucly*, § 27.

(2) Voyez : Pelisson et D'Olivet, *Histoire de l'Academie Françoise*, troisième édition, Paris 1743, 2 vol. in-12. tom. II. pag. 25.

Ce passage est charmant, et je demande la permission de le reproduire ici :

" L'Académie des Sciences (dit Lalande qui reprit le *De* plus tard), ayant été supprimée par un décret du 8 août 1793, les mémoires lus jusqu'à cette époque auroient pu former plusieurs volumes . . . . . on ne trouvera point dans celui-ci la partie historique, les rapports, les programmes de prix et les observations adressées à l'Académie ; les distractions du secrétaire, alors député à la Convention, et sa mort arrivée en 1794, ont rendu difficile le rassemblement de ces différentes pièces(1)."

Les *distractions* que se permettait ce secrétaire perpétuel, Condorcet, les voici plus clairement : il s'empoisonnait pour échapper à la guillotine.

Dacier, qui écrivait douze ans plus tard, et qui avait moins de tendre indulgence pour les excès révolutionnaires, n'attribue plus à aucune distraction le pillage des archives. Il s'exprime ainsi :

" Les volumes que nous publions renferment son histoire (de l'Académie des Inscriptions et Belles-Lettres) et une grande partie de ses travaux pendant les années 1785, 1786 et suivantes jusqu'au 8 août 1793. Nous regrettons de n'avoir pu rassembler tous les mémoires qui méritoient d'y trouver place ; mais plusieurs qui avoient été déposés au secrétariat ont disparu ainsi que quelques autres ouvrages, après l'invasion des barbares dans le sanctuaire des Muses ; et il a été impossible d'en découvrir la moindre trace(2)."

Il est donc bien prouvé, contrairement aux assertions des magistrats, que les collections et les archives des anciennes Académies ont été, en grande partie, dispersées lors de l'*invasion des barbares*(3). Ce qui semblerait indiquer qu'en possédant de tels objets, on ne commettrait pas un crime plus grand que celui que commettent tranquillement dix à douze millions de Français en possédant des propriétés rurales, des maisons, des tableaux, des livres, des meubles, des objets enfin de toute nature, provenant des biens nationaux, tels que, propriétés des corporations religieuses, biens des émigrés, biens des personnes qui se laissaient aller aux distractions de Condorcet, etc. etc. Et notez, s'il vous plaît, Monsieur le Président, qu'il

(1) *Mémoire de l'Académie des Sciences*, année 1790, *Avertissement.*

(2) *Histoire de l'Académie des Inscriptions et Belles Lettres*, tom. XLVII. pag. 2.

(3) Pour de plus amples renseignemens, voyez plus loin, pag. 56—58.

s'en fallait bien que les archives des Académies fussent arrivées intactes jusqu'en 1793. Parmi les faits nombreux qu'on pourrait produire à l'appui de ce que j'avance ici, j'en choisirai un seul qui, étant affirmé par un savant magistrat, devra sembler aux membres du parquet, presqu'aussi certain que s'il se trouvait dans l'ouvrage déjà cité, et à jamais célèbre, de M. Fontaine(1). Dans une intéressante notice sur Conrart, publiée en 1825, M. Monmerqué, Conseiller à la Cour Royale, rappelle que déjà du temps de l'Abbé D'Olivet, l'Académie Française avait perdu tous ses anciens registres(2). Si je ne me trompe, D'Olivet est mort en 1768, et il y aurait quelque injustice, peut-être, à m'accuser d'une soustraction commise long-temps avant ma naissance.

Mais, dira l'Accusation, lors même que tout ce qui a appartenu aux anciennes Académies aurait été mis au pillage, *la preuve de la soustraction,* qui *ne peut être un instant douteuse,* consiste en ceci : M. Libri (j'ajoute le *Monsieur* pour prêter quelque politesse à l'Acte d'Accusation et par respect pour l'Institut), M. Libri a possédé des pièces, des rapports signés par divers académiciens, des lettres adressées à Mairan, à *Bignon, secrétaire de l'Académie des Sciences,*

(1) Voyez ci-dessus, pag. 11.

(2) Voici comment M. Monmerqué, Conseiller à la Cour Royale, s'exprime à ce sujet :

" Pelisson nous apprend que les registres de l'Académie (Françoise), commençoient au 13 Mars, 1634."—Le même M. Monmerqué, Conseiller à la Cour Royale, ajoute en note ce qui suit :

" Pelisson, Histoire de l'Académie, tom. I. pag. 16. Ces premiers registres de l'Académie n'existoient déjà plus du temps de l'abbé d'Olivet. (*Voyez* la note du tome II. pag. 10 de l'Histoire de l'Académie).... M. Raynouard, secrétaire perpétuel de l'Académie française, nous a fait voir les registres qui ont été conservés, ils ne remontent qu'à l'année 1672." (Collection des Mémoires relatifs à l'Histoire de France, par MM. Petitot et Monmerqué, seconde série, tom. XLVIII. pag. 10).

Dans le même volume (pag. 22) M. Monmerqué, Conseiller à la Cour Royale, nous dit que vingt volumes des manuscrits de Conrart, premier secrétaire perpétuel de l'Académie Française, se trouvent, non pas à l'Institut, comme on devrait le croire d'après les principes avancés dans l'Acte d'Accusation, mais à la Bibliothèque de l'Arsenal. M. Monmerqué, Conseiller à la Cour Royale, assure qu'une partie considérable des manuscrits de Conrart se sont égarés. " Ainsi vingt-deux volumes de ces précieux manuscrits sont-ils dans le commerce, et peut-être sont-ils expatriés," et il ajoute plus loin, pag. 31 qu'il s'est procuré différentes pièces appartenant à Conrart, notamment à l'aide de *recherches faites dans de vieux parchemins, exposés en vente chez des épiciers.*

des notes de De l'Isle(1), ou d'autres personnes, lues aux différentes Académies, des lettres adressées aux présidens ou directeurs des Académies, des quittances, etc. etc....qui n'ont jamais dû sortir des cartons de l'Institut; lui SEUL a possédé de ces documents qu'il a mis en vente, LE PREMIER; *la preuve de la soustraction .... la provenance de ces lettres et rapports ne peut être un instant douteuse .... alors même qu'il* (M. Libri) *justifierait de l'acquisition légitime d'un certain nombre de ces pièces, il resterait toujours à sa charge le fait de la détention inexplicable de documents nécessairement soustraits à l'Institut.*

Comme on ne saurait admettre que le Code Pénal n'ait été rédigé que pour moi seul, et que les principes posés par les magistrats ne doivent s'appliquer qu'à moi, il résulte de ce qui précède, que toute personne qui a possédé des pièces comprises dans l'énumération faite par l'Acte d'Accusation, et dont je viens de donner l'abrégé, est nécessairement un VOLEUR ou un RECÉLEUR. Je vous ai annoncé plus haut, Monsieur le Président, les conséquences déplorables de ces beaux principes. La matière est très vaste, et je suis nécessairement forcé de me borner(2). Je choisirai les exemples au quels peuvent s'appliquer ces principes uniquement parmi les noms qui ont brillé ou qui brillent encore sur la liste de l'Institut, et je ne ferai aujourd'hui qu'effleurer le sujet.

Je trouve, d'abord, dans le catalogue des lettres auto-

(1) On a déjà vu dans ma *Lettre à M. Barthélemy Saint-Hilaire*, (pag. 23—31) que dès l'année 1826, les papiers de De l'Isle étaient mis en vente par masses énormes, dans le Catalogue de M. Buache, membre de l'Institut, et du Bureau des Longitudes, etc. J'aurai souvent à revenir sur ce sujet; voyez plus loin pag. 39. Quant aux *Notes ou Mémoires* lus aux différentes Académies et que certains magistrats supposent n'avoir jamais pu sortir des archives de l'Institut, sans parler des mémoires de Laplace, de Tressan, etc., etc., lus à l'Académie des Sciences et à l'Académie Française, qui ont paru dans les ventes Dolomieu, Klaproth, etc., et dont il sera question plus loin, je crois pouvoir citer ici le *Discours* (autographe) *de d'Alembert à l'académie des sciences, du* 3 *décembre* 1768, *en présence du roi de Danemark.* Ce Discours fut vendu en 1834, avec d'autres écrits de D'Alembert indiqués sous le No. 1807 du catalogue de M. Lajarette.—C'est M. Fontaine qui le dit (*Manuel*, pag. 157—158), lui qui fait autorité dans l'Acte d'Accusation.

(2) D'ailleurs je n'ai pu me procurer à Londres, que quelques-uns des catalogues dont j'avais besoin. Plus tard, je pourrai peut-être compléter ce travail.

graphes, mises en vente le 2 Mai 1837, par M. Monmerqué, Conseiller à la Cour Royale et membre de l'Institut, les pièces suivantes :

"No. 115. BERTHOLLET, savant chimiste(1).

Rapport entièrement écrit de sa main et signé, du 12 mars 1785, sur l'aéromètre.

220. CANOVA (Antonio), sculpteur.

L. A. S.(2) du 2 octobre 1802, adressée au président de l'Institut de France, pour le remercier de ce qu'il avait été nommé correspondant.

543. GÉRARD (Louis), botaniste, membre de l'Institut.

Mémoire A. sur la nature des feuilles séminales.

614. HEYNE (Chrétien-Gottlieb), commentateur de Virgile.

A. S., du 27 mars 1812, à l'Institut de France.

643. JENNER (Edouard), inventeur de la vaccine.

L. A. S., adressée à l'Institut."

Cette vente, dans laquelle se trouvait le rapport de Berthollet, a précédé de deux ans(3) celle du 27 Février 1839, où l'on a vu cette *nouveauté, nouveauté due à Libri,* de la mise en vente de rapports présentés à l'Académie. Les lettres d'Heyne et de Jenner, vendues en 1837 par M. Monmerqué, Conseiller à la Cour Royale, se trouvent en entier dans *l'Isographie des Hommes Célèbres,* qui a paru(4) de 1828 à 1830. La première était alors entre les mains de M. Duchesne. La lettre de

(1) J'ai déjà fait mention de ce rapport; si je le cite encore, avec deux ou trois autres documents du même genre, c'est pour grouper tout ce qui, dans certains catalogues, a une *provenance* qui *ne saurait être un instant douteuse;* c'est l'Acte d'Accusation qui le dit.

(2) On sait que ces initiales L. A. S. signifient: *Lettre autographe signée.* Dans quelques catalogues que j'aurai à citer dans la suite, au lieu de ces trois lettres, on a mis L. aut. sig.

(3) "De tels documents (dit l'acte d'accusation) ne peuvent entrer dans le commerce. Aussi, jusqu'en 1839, les ventes publiques n'en offrirent *pas un seul.*"

(4) J'ai à combattre avec des gens si peu instruits, que je suis obligé de prendre toutes sortes de précautions. L'*Isographie* a paru d'abord chez Didot, à Paris, en trois volumes in-4to. chacun desquels porte un titre avec cette date 1828—1830, (M. Brunet dit même dans le *Manuel,* que ces trois volumes ont paru de 1827 à 1830). Plus tard on a distribué en quatre volumes, les *fac-simile* qui composent cet ouvrage, et réimprimé les titres avec la date de 1843; je parle des volumes qui ont la date de 1828—1830.

Jenner appartenait déjà, il y a plus de vingt ans, à M. Monmerqué, Conseiller à la Cour Royale; c'est l'*Isographie* qui le dit. La possession résulte du catalogue; l'origine est manifeste et avouée par le possesseur lui-même. Ces lettres de Canova, d'Heyne, et de Jenner ont été adressées à l'Institut dans des temps assez récens (on a vu que la lettre de Heyne est de 1812) et après l'*invasion des barbares*, dont parle Dacier. C'est à M. Monmerqué, Conseiller à la Cour Royale (je crois qu'on dit aujourd'hui Cour d'Appel mais peu importe); c'est à M. Monmerqué, qui a fait saisir mes livres(1), à prouver à ses collègues du Palais qu'il n'est pas un *voleur;* car, quant à la tache de *recéleur*, d'après les principes posés dans l'Acte d'Accusation, il ne saurait s'en laver. Il est à désirer que devant le terrible parquet, il puisse expliquer l'origine de ces pièces autrement qu'il ne l'a fait pour les deux pièces de Valentin Conrart, premier secrétaire perpétuel de l'Académie Française, qui étaient annoncées au No. 331 de son catalogue de vente, et que dans un Notice sur Conrart il nous dit lui-même, avoir trouvées *dans de vieux parchemins exposés en vente chez des épiciers*(2). Si M. le Juge d'Instruction Hatton avait entre les mains mon exemplaire du catalogue de M. Monmerqué, Conseiller à la Cour Royale, et s'il y voyait la note manuscrite qui se trouve à la page 99 à propos de la lettre du Tasse, annoncée sous le No. 1231 bis, et vendue 460 francs, note qui porte :

"1231 bis, on a reconnu que cette lettre était fausse ;"

cet équitable magistrat serait capable de commencer un nouveau procès, qui durerait encore trente mois, et de faire opérer cinquante saisies au détriment de M. Monmerqué,

(1) Cela est notoire à Paris, et si je suis bien informé, mon savant confrère s'en est vanté lui-même. Voici du reste ce qu'on lit dans une lettre adressée par M. Paul Lacroix *à M. Monmerqué, Conseiller à la Cour d'Appel de Paris,* sous la date du 27 Novembre 1848, et imprimée à la suite de ma *Lettre à M. de Falloux,* (pag. 98). "Vous-même vous aviez cru agir dans l'intérêt des Bibliothèques de la France, en provoquant la saisie des collections de livres que possédait M. Libri." Ce n'est pas la dernière fois, peut-être, que j'aurai à parler de ce magistrat distingué qui, en 1837, n'a mis en vente qu'une partie de son cabinet.

(2) Voyez plus haut, pag. 25.

Conseiller à la Cour Royale. C'est à celui-ci à montrer à ses collègues quelles sont les conséquences nécessaires des principes qu'ils ont posés. Si, sur une expertise confiée à MM. Lalanne, Bordier et Bourquelot, M. Monmerqué, Conseiller à la Cour Royale, est condamné à dix années de réclusion, je demanderai à être son compagnon de captivité; nous pourrons causer bibliographie ensemble.

Vous connaissez, Monsieur le Président, toute l'illustration et tout le respect qui s'attachent au nom de Dolomieu. Ce savant géologue, que l'Institut, l'Ecole des Mines et le Muséum d'Histoire Naturelle s'honorent d'avoir accueilli dans leur sein, n'est pas moins célèbre par ses travaux que par les souffrances endurées dans une longue et cruelle captivité. Son nom n'a pas déchu pour avoir été porté par une persone qui est morte dans l'exil, donnant des marques touchantes de dévouement à une illustre infortune. Voyons comment les magistrats vont traiter ce nom vénérable.

La collection d'autographes de la Marquise de Dolomieu, qui était célèbre dans toute l'Europe, fut mise en vente à Paris le 15 Mai 1843. Voici ce que le catalogue de cette vente offre relativement à l'Institut, dont les archives, bien entendu, n'avaient jamais rien perdu jusqu'au moment où, suivant l'Acte d'Accusation, je les ai mises au pillage :

"No. 66. Cabanis (Jean-Pierre-George), médecin, philosophe, et littérateur.

L. aut. sig., au président de l'Institut. D'Auteuil, ce 19 floréal an IX. 1 page in-4. Cachet.

69. Cambacérès (J.-Jacq.-Régis), archichancelier de l'Empire.

Aux membres de l'Institut national. Paris, 7 vendémiaire an IX. L. S. 2 pages in-4.

125. Condorcet (le Marquis de), philosophe et littérateur.

. . . . . . Délibération des commissaires de l'Académie des Sciences, du 24 mars 1790, relativement à des prix décernés et à décerner pour des dissertations sur les planètes, et signée de Condorcet, Pingré, Bossut, Cassini, et Bailly. 1 page et demie in-8.

130. Cuvier (Georges), célèbre naturaliste.

. . . . . Plus une proclamation aut. des prix remportés et des sujets de prix proposés (16 juin 1828). 3 grandes pages in-fol.

133. De Candolle (Auguste-Pyrame), célèbre botaniste.

L. aut. sig., au président de l'Institut. De Turin, 28 septembre 1808. 2 pages in-4.

Relative à la botanique.

148. Dupuis (Charles-François), auteur de *l'Origine des Cultes.*

L. aut. sig., au président de l'Institut. Paris, 23 messidor an XIII. 1 page in-4.

Il offre son ouvrage qui lui avait été demandé pour la bibliothèque de l'Institut.

175. Fox (Charles-James), ministre et célèbre orateur anglais.

L. aut. sig., aux citoyens Levesque, Daunou, etc., membres de l'Institut. Londres, ce 8 décembre 1802. 2 pages in-fol.

Il remercie l'Institut de sa nomination de membre associé.

195. Girodet Trioson, peintre.

L. aut. sig., à M. le secrétaire perpétuel de l'Institut. Paris, 9 juin 1815. 1 page in-4.

221. Haydn (François-Joseph), célèbre compositeur.

L. sig., au président de l'Institut national, à Paris. De Vienne, le 14 avril 1802 . . . . . 1 page in-fol.

249. Jussieu (Antoine-Laurent de), célèbre botaniste.

Rapport aut. sig., fait à l'Académie des Sciences, sur l'ouvrage imprimé de M. Achille Richard, intitulé: *Nouveaux Eléments de botanique appliqués à la médecine* (sans date). 2 pages in-4.

253. Klopstock (Frédéric-Gottlieb), poète allemand, auteur de *La Messiade.*

L. aut. sig. (en allemand), au président de l'Institut. De Hambourg, le 27 juillet 1802. 4 pages in-4.

262. Lagrange (Joseph-Louis), géomètre et mathématicien.

Billet aut. sig., à MM. de la commission des fonds de l'Institut. 1 page in-4.

270. Laplace (Pierre-Simon), célèbre géomètre.

. . . . . Mémoire aut. lu à l'Académie des Sciences, le 25 novembre 1816, sur l'action réciproque des pendules, et sur la vitesse du son dans les diverses substances . . . . . 4 pages in-4.

365. Moreau (le Jeune), dessinateur et graveur.

L. aut. sig. au président de l'Institut. Du 23 brumaire an V de la République. 1 page ½ in-4.

Relative à un tableau de Jules Romain.

371. Napoléon Bonaparte, Empereur.

. . . . . Lettre sig. Bonaparte, du 6 nivôse an VI, adressée au président de l'Institut national.

402. PALISSOT DE MONTENOY (Charles), littérateur.

L. aut. sig., aux membres de l'Institut. Paris, 18 brumaire an VI. 3 grandes pages in-4, d'une écriture très fine, et très correcte, etc.

453. ROSSINI (Joachimo), célèbre compositeur.

L. aut. sig., à M. le secrétaire de l'Académie des Beaux-Arts. Londres, le 19 mars 1824. 1 page in-4.

Relative à sa nomination de Membre de l'Institut.

459. RUMFORT (Benjamin-Thompson, comte de) philosophe et économiste.

L. aut. sig., au président de l'Institut national de France. De Munich. 3 septembre 1802. . . . . . 3 pages in-4.

460. SAINT-ANGE, poète, Membre de l'Académie Française.

L. aut. sig., aux membres de l'Institut national. Paris, ce 23 frimaire an V. . . . . 3 pages petit in fol.

Belle-lettre en prose et en vers.

476. SIEYÈS (l'Abbé), membre du Directoire.

L. aut. sig. au président de la 3e classe de l'Institut, au Louvre. Paris, 29 floréal an V. 1 page in-4.

507. TRESSAN (Louis-Elisabeth, comte de), membre de l'Académie Française.

1. Discours aut. prononcé dans une séance du mois de juin, 1776. 4 pages in-fol."

La provenance de ces lettres et rapports ne peut être un instant douteuse; c'est l'Acte d'Accusation qui le dit. Ces documents proviennent tous des archives des Académies qu'ils ont dû quitter, non pas du temps de Louis XIV, où l'Académie des Sciences avait pour estampille un soleil au milieu de trois fleurs-de-lis, mais dans des temps très rapprochés de nous, puisque la Lettre de Rossini (N°. 453) est de 1824, et que la pièce écrite par M. Cuvier (N°. 130) est de 1828. Pourtant, ce n'est pas certes la Marquise de Dolomieu qui est allée fouiller dans les cartons de l'Institut; ce n'est pas elle, je pense, qui a été prendre cette collection de lettres adressées *au Président de l'Institut*, de rapports ou de mémoires lus aux différentes Académies, de pièces importantes parmi lesquelles on remarque (N°. 371) la *lettre adressée par Napoléon au Président de l'Institut National*(1), à la suite de sa nomination. C'est bien à

(1) Napoléon fut nommé membre de l'Institut dans la section de Mécanique, le 25 Décembre 1797, jour qui, dans le calendrier

propos de cette lettre qu'on pourrait s'écrier avec l'Acte d'Accusation : *de tels documents ne peuvent entrer dans le commerce !* pourtant elle a été mise en vente publique il y a sept ans, avec beaucoup d'autres pièces de la même nature, sans que les magistrats y fissent la moindre attention. Le catalogue de la collection appartenant à Mme. de Dolomieu a été rédigé d'abord avant 1836, et il contenait dès lors les pièces que je viens de mentionner, comme tous les collecteurs peuvent le certifier. Quelques-unes de ces pièces ont été citées dans des ouvrages qui datent de plusieurs années, et l'on voit dans *l'Isographie,* publiée de 1828 à 1830, une lettre touchante de Dolomieu adressée au Président de l'Institut ; lettre qui appartenait alors à Madame de Dolomieu, et qui n'a pas figuré dans la vente dont il vient d'être question. On s'efforcerait vainement d'expliquer par des calomnies semblables à celles dont j'ai été l'objet, la présence dans la collection de Madame de Dolomieu de ces pièces provenant de l'Institut, ainsi que d'autres pièces non moins intéressantes qui s'y trouvaient depuis longtemps et qui, comme les lettres de Gassendi(1) et

républicain, répond au 5 Nivôse, An VI. La lettre qui a figuré à la vente de Mme. de Dolomieu, avait été adressée par Napoléon au Président de l'Institut, le 6 Nivôse, An VI ; elle avait évidemment pour objet de remercier l'Institut de cette nomination. C'était la pièce la plus précieuse qui fût conservée dans les archives de l'Institut. Comment en est-elle sortie ? A quoi pensaient les magistrats ?

(1) " La correspondance de *Cassini* (conservée à la Bibliothèque de l'Observatoire, dit *l'Acte d'Accusation*) a perdu des lettres autographes de *Gassendi*, etc." (Le *Moniteur* du Samedi, 3 Août, 1850, pag. 2694). Notons que cette correspondance de Cassini dans laquelle j'aurais commis tant de *détournements* qui *se reportent....* à 1835, 1837, et qui *échappent dès lors à la loi pénale, mais qu'on devait rappeler pour donner une juste idée de la moralité de Libri,* (c'est toujours l'Acte d'Accusation qui parle), que cette correspondance, dis-je, conservée si fidèlement à l'Observatoire jusqu'en 1835 ou en 1837, avait été jetée par paquets sur le marché dix années auparavant, et qu'elle avait figuré dans vingt catalogues de vente, indépendamment du catalogue de la Marquise de Dolomieu. Aussi l'on voit aux Nos. 230, 492, 825, 1023, du catalogue de vente de M. Monmerqué, Conseiller à la Cour Royale, différentes lettres adressées à Cassini par Feuillée, par Bonnet, par Picard, etc., et l'on trouve dans le catalogue des manuscrits de M. Th. Thorpe, pour l'année 1833, un volume de la correspondance de Cassini, de Leibnitz, etc. de 1699—1700. Ces exemples suffisent pour le moment.

d'Halley, adressées à Cassini (Nos. 187 et 216 de ce catalogue), proviendraient, d'après les assertions de l'Acte d'Accusation, de la Bibliothèque de l'Observatoire. N'ayant jamais eu l'honneur d'approcher Madame la Marquise de Dolomieu, je n'ai jamais pu lui offrir aucun de mes autographes. D'autres personnes ont été plus heureuses que moi, comme on le voit par la lettre suivante, qui a figuré à la vente de Madame de Dolomieu, et qui jetera quelque clarté sur la manière dont cette dame a pu se procurer certains documens. J'en reproduis fidèlement la description d'après le catalogue :

"No. 14. ARAGO, astronome célèbre.

L. aut. sig. du 25 novembre 1825. Envoi d'un fragment autographe de Galilée.

" . . . . . Je prends la liberté(1) de vous adresser ces vénérables caractères qu'a tracés le savant le plus illustre dont l'Italie puisse se glorifier, etc."

Le fragment est joint à la lettre."

A la suite de ce fragment, publié il y a sept ans, d'une lettre de M. Arago, permettez-moi, Monsieur le Président, de vous donner connaissance d'une lettre qui m'a été adressée, il y a vingt-cinq ans, par une femme célèbre, Mademoiselle Sophie Germain, qui avait remporté le grand prix de mathématiques à l'Académie des Sciences. Non seulement cette lettre sert utilement de commentaire à la lettre de M. Arago qui a figuré dans la vente des autographes de Mme. de Dolomieu, et que je viens de citer, mais elle montre, encore mieux que ce que j'ai pu dire jusqu'ici, toutes les pertes souffertes depuis longtemps par les archives de l'Institut. Je regrette beaucoup de gaspiller, pour ainsi dire, ma défense en produisant aujourd'hui des pièces qui figureraient mieux peut-être là où je devrai parler de l'Observatoire ; mais j'ai tant de pièces à publier que je ne m'appauvrirai pas en faisant connaître celle-ci, que j'ai communiquée à différentes personnes :

" Je me suis empressée, Monsieur, de demander à M. Fourier

(1) Dans le catalogue de la Marquise de Dolomieu, on donne des extraits de certaines pièces. Tout ce passage, depuis *je prends*, jusqu'à *se glorifier*, est tiré de la lettre du 25 Novembre 1825, par laquelle M. Arago annonçait l'envoi du fragment autographe de Galilée.

les renseignemens que vous désirez ; malheureusement il paraît que les papiers de Fermat, de Descartes et des autres anciens géomètres, qui d'après ce qu'on vous a dit devaient exister à l'ancienne Académie des Sciences, ont été égarés ou enlevés ; on s'en est assuré, m'a-t-il dit, lorsque l'Académie a proposé un prix pour la démonstration du dernier théorême de Fermat. Déjà à la révolution les archives des Académies avoient été mises au pillage, et, par suite du goût des autographes qui s'est tant répandu, les pièces les plus remarquables qui existoient à l'Institut ont disparu. M. Fourier m'a raconté à ce sujet des choses fort curieuses qui prouvent qu'on ne se fait aucun scrupule de puiser dans les cartons de l'Institut ; du reste, il en est à peu près de même partout. On m'a assurée que les lettres des plus anciens astronomes de l'Observatoire sont mises très galamment à la disposition des femmes du monde ; c'est donc plutôt dans les albums des dames que dans les archives de l'Institut que vous avez la chance de trouver ce que vous cherchez.

"Je compte toujours sur l'honneur de vous voir Mercredi. Agréez l'assurance de la considération la plus distinguée.

"S. Germain."(1)

Après cette digression reprenons :

En prononçant le nom d'un secrétaire perpétuel, je suis tout naturellement amené à citer, en passant, une des lettres sorties des archives des Académies, et qui se trouvent en grand nombre à Londres, dans la collection Egerton, au British Museum. Cette collection, les magistrats ne m'accuseront pas de l'avoir grossie du produit de mes vols. Elle est entrée en 1828 au British Museum, après la mort de Lord Egerton qui l'avait formée à Paris.

Dans cette lettre autographe, du 12 Septembre 1813, Grétry, qui se sent mourir, prend congé de la manière la plus touchante de ses confrères de la *Classe* (Académie) des Beaux-Arts. Elle porte en haut cette note remarquable de la main de M. Le Breton, ancien secrétaire perpétuel de cette Académie :

(1) Cette lettre est sans date comme la plupart des lettres que m'a fait l'honneur de m'adresser Mlle. Germain ; mais elle a dû être écrite au mois de Juin 1825, ainsi qu'on le verra plus loin, (pag. 58). Du reste M. Fourier est mort en 1830, avant la révolution de Juillet, et Mlle. Germain a succombé en 1831 à une longue maladie.

"Lettre que Grétry écrivit au Secrétaire Perpétuel(1) de la Classe des Beaux-Arts de l'Institut de France. Elle est de sa main. Certifié véritable.

"Le Secrétaire Perpétuel,

"JOACHIM LE BRETON."

Veuillez vous arrêter un instant ici; Monsieur le Président, et remarquer que d'après les doctrines du parquet, dans l'espèce, la preuve de la soustraction manque; car, bien que l'origine de cette lettre, adressée au secrétaire perpétuel de la *Classe*, ou de l'Académie des Beaux-Arts, soit encore moins *douteuse* que l'origine des lettres adressées à Bignon, lequel n'a jamais été secrétaire d'aucune des Académies qui forment aujourd'hui l'Institut, la possession, qu'on suppose être la preuve de la soustraction, n'est pas démontrée. En effet, un individu qui prendrait une pièce dans un carton de l'Institut pour la remettre à une autre personne, après y avoir inscrit une note destinée à en constater l'origine, ne pourrait pas (je parle toujours comme l'Acte d'Accusation) être accusé d'avoir gardé la pièce en sa possession. Quant au recel, si recel il y a, on ne saurait raisonnablement l'imputer qu'à Lord Egerton et à son légataire le British Museum. Je montrerai, dans une autre occasion, quelle est la masse énorme d'autographes sortis des établissements publics de la France, que Lord Egerton a *recélés* dans sa collection. Mais il est mort avant 1830, et je crois que la prescription est acquise. Quant à l'autre recéleur, le British Museum, on pourrait essayer de lui intenter un procès. Quoiqu'il en soit, la déclaration *certifié véritable,* qui se lit en tête de la lettre de Grétry, semble devoir jeter quelque incertitude sur les doctrines des magistrats au sujet des lettres adressées à des secrétaires perpétuels, et qui (d'après l'Acte d'Accusation) n'ont dû quitter les archives de l'Institut que le jour où j'aurais mis ces archives au pillage.

En poursuivant cette énumération des outrages que les magistrats, guidés par des experts ignorants et haineux, ont

(1) Comme on le voit par ce singulier certificat, il ne s'agit pas ici d'une lettre adressée à M. Le Breton personnellement. C'est une lettre adressée au *secrétaire perpétuel,* un de ces *documents qui* (les magistrats ont prononcé) *appartiennent nécessairement aux archives.*

faits à divers membres de l'Institut, notons, pour mémoire seulement, les *rapports autographes*, dont j'ai déjà parlé(1), et qu'on a vu paraître à la vente de M. Huzard, membre de l'Académie des Sciences, comme un démenti de plus donné à l'Acte d'Accusation qui se plaît à répéter avec son outrecuidance ordinaire, que j'ai été le SEUL à posséder, ou à mettre en vente, de tels rapports.

A la suite de ces faits isolés, j'en citerai un autre qui se trouve mentionné dans un écrit intéressant que M. Jubinal a récemment publié sous ce titre: *Une Lettre inédite de Montaigne :*

" Si je devais consigner ici (dit M. Jubinal à la page 105 de cet écrit) tout ce que j'ai appris à l'aide de *l'Isographie*, je parlerais d'une lettre de Descartes que M. Duchesne a vue et palpée au Secrétariat de l'Institut il y a une vingtaine d'années; qu'il a fait lithographier pour l'Isographie, et qui, quelques mois plus tard, avait été prise sans façon par un des membres les plus illustres de l'Académie des Sciences; mais je garde les détails de ce fait pour une meilleure occasion, ainsi que les renseignements que j'ai recueillis sur un autographe de Pascal, qui existait à la Bibliothèque de l'Arsenal, et dont M. Monmerqué a donné le *fac simile* il y a plusieurs années dans ses *carrosses à cinq sous*. J'ajouterai seulement, qu'à l'occasion de ses travaux récents sur Pascal, M. Feugère a annoncé la disparition de ce précieux autographe sans que personne, administrativement parlant, car les amateurs en ont été frappés, s'en soit ému."

C'est là une assertion grave, Monsieur le Président, au sujet de laquelle il serait bon, peut-être, de demander quelques explications à M. Jubinal et à M. Duchesne, qui demeurent à Paris et que tout le monde y connaît. M. Duchesne, vous ne sauriez l'ignorer, est un des conservateurs de la Bibliothèque Nationale. Ce sont deux hommes d'honneur, qui n'hésiteront pas à dire la vérité.

L'Institut, depuis sa création, n'a pas offert au monde savant un nom plus illustre que celui de Cuvier, qui fut longtemps l'un des secrétaires perpétuels de l'Académie des Sciences. Ce nom semblait devoir échapper aux atteintes de ces nouvelles harpies qui souillent tout ce qu'elles ne peuvent pas dévorer; malheureusement il n'a pas été épargné. Voici quatre lettres évidemment sorties des archives

(1) Voyez ci-dessus, pag. 14.

de l'ancienne Académie des Sciences, et dont le *fac simile* se voit dans *l'Isographie*(1), avec cette indication que la pièce originale se trouve dans la collection de Mademoiselle Clémentine Cuvier :

Lettre de Bergman à Mairan(2), pour le charger d'annoncer à l'Académie des Sciences qu'il consent à la publication d'un *Mémoire sur l'Indigo* dont il est l'auteur, et à l'ouverture du billet cacheté qui accompagne ce Mémoire.

Lettre de Lagrange (datée de Berlin du 29 Juin 1772) au secrétaire perpétuel de l'Académie des Sciences pour le prier d'être *l'interprète* (auprès de l'Académie) *des profonds sentiments dont il est pénétré* par suite de sa nomination à une des places d'associé étranger(3).

Lettre de Lavoisier à M. de Fouchy(4), secrétaire perpétuel de l'Académie des Sciences, en lui envoyant quelques indications sur une comète qu'il croyait avoir découverte.

Lettre de Tressan à Mairan relative à une machine que le

(1) Je reproduis les indications données par l'*Isographie*, sans répondre des dates, ou de l'orthographe des noms qui, parfois, présentent quelques incorrections.

(2) Mairan a été secrétaire de l'Académie des Sciences, et l'Acte d'Accusation dit que les lettres qu'on a pu trouver chez moi, et qui étaient adressées à ce savant académicien, sont une preuve de la soustraction. Si certains magistrats avaient la moindre teinture des choses dont ils parlent avec tant d'assurance, ils sauraient qu'il existe dans toutes les collections, des lettres adressées à Mairan. Par exemple, dans l'*Isographie* publiée avant 1830, je vois non seulement les lettres de Bergman et de Tressan adressées à Mairan, et appartenant à Mlle. Clémentine Cuvier, mais j'y trouve le fac-simile de trois lettres adressées à Mairan, par Jean Bernoulli, par Daniel Bernoulli, et par La Condamine, et appartenant (avant 1830) à M. Berthevin, qui possédait aussi (c'est encore l'*Isographie* qui nous l'apprend) une lettre adressée en 1808 par West (nommé associé étranger) *au Président et aux Membres de l'Institut.*

(3) Cette lettre a dû accompagner celle par laquelle Lagrange s'adressant ce même jour à l'Académie des Sciences en corps, la remerciait de l'honneur qu'il *venait de recevoir.* C'est cette dernière lettre *adressée à l'Académie en corps*, que j'ai rachetée à la vente Hodges, et que j'ai soumise l'année dernière à l'examen de la commission administrative de l'Institut (Voyez ma *Lettre à M. de Falloux*, pag. 38 et 238). Je reviendrai plus tard sur ce point.

(4) Les lettres adressées à M. de Fouchy, secrétaire perpétuel de l'Académie des Sciences, sont depuis long-temps dans le commerce. J'en ai compté trois (de Bossut, de D'Alembert, et de Berthoud) à la page 31 du catalogue des autographes de M. de Bruyères-Chalabre, dont la vente a eu lieu au mois de Mai 1833.

roi se propose de faire exécuter en grand, si le modèle est approuvé par l'Académie.

Comme je viens de le dire, les *fac-simile* de ces quatre pièces se voient dans les volumes de *l'Isographie* qui ont paru de 1828 à 1830; et ces *fac-simile* étaient préparés depuis quelques années. En effet, Mademoiselle Cuvier, qui relevait par un charme si exquis l'éclat de son nom, a été enlevée par une mort prématurée à ses admirateurs, à ses amis et à son illustre père, avant la publication du premier volume de *l'Isographie.* Aussi dans la préface de ce volume, publié en 1828, les éditeurs, en citant les amateurs qui leur ont ouvert avec complaisance leurs collections, nomment avec une *reconnaissance particulière* Mademoiselle Clémentine Cuvier *qui malheureusement* (ajoutent-ils) *ne peut plus nous entendre*(1). Je n'ai pas besoin de vous apprendre, Monsieur le Président, que Fouchy, auquel est adressée la lettre de Lavoisier, ainsi que beaucoup d'autres lettres qui ont passé dans des ventes sans m'avoir jamais appartenu, était secrétaire perpétuel de l'Académie des Sciences. En y songeant, je trouve possible que les experts qui m'ont accusé d'avoir dérobé un *Catullus* à la Bibliothèque de Montpellier parcequ'ils avaient lu DIX à la place de JEAN, aient lu BIGNON à la place de FOUCHY lors-

(1) Malgré mon désir de me borner, il m'est impossible de ne pas signaler une pièce, autographe et signée de Needham, dont je trouve le *fac-simile* dans l'*Isographie*, (édition portant la date de 1843) avec l'indication que cette pièce, intitulée *Mémoire sur la Génération*, appartenait à M. Jules Poilly. Elle est adressée *à M. Grandjean de Fouchy, secrétaire perpétuel de* l'*Académie des Sciences*, et se termine ainsi (j'en reproduis exactement l'orthographe) :

" Pour m'assurer mes propres découvertes, j'ai pris la précaution de sceller et signer cette petite mémoire, que j'ai mis entre les mains de M. de Fouchy, secrétaire perpétuell de l'Académie Royalle de Sciences.

" TUBERVILL NEEDHAM,
" De la Société Royalle de Londres."

On conviendra que la précaution prise par Needham a été très utile, et que, rien n'étant jamais sorti des archives des Académies (c'est M. le Procureur Géneral de Royer qui l'affirme), on est bien certain de s'assurer la propriété d'une découverte en remettant un Mémoire signé et cacheté entre les mains d'un secrétaire perpétuel.—Ah! le bon billet qu'a La Châtre !

qu'ils m'ont accusé d'avoir dérobé des lettres adressées à *Bignon, secrétaire de l'Académie des Sciences.*

Dans une lettre écrite à M. Barthélemy Saint-Hilaire, Administrateur du Collège de France, sous la date du 25 Juillet dernier, j'ai parlé d'une immense collection de lettres et de papiers autographes appartenant à M. Buache, membre de l'Institut, et du Bureau des Longitudes, Hydrographe en Chef du Dépôt des Cartes et Plans de la Marine ; collection composée de quatre-vingt-neuf cartons ou porte-feuilles, qui furent vendus en deux lots en 1826, et qui sont indiqués très sommairement aux pages 57 et 58 du catalogue de vente des livres de M. Buache. J'ai déja dit que j'aurai à examiner plus tard la composition de cette collection, formée en partie de papiers autographes provenant des collections de De l'Isle, d'Hévélius, de Cassini, des Missionnaires, etc., etc., conservées (c'est l'Acte d'Accusation surtout qui nous l'apprend) soit à l'Observatoire, soit au Dépôt de la Marine; et en partie de papiers provenant des anciennes Académies ou de l'Institut. Cet amas de documents précieux fut vendu sans qu'on y fît attention, et Monteil nous apprend dans son *Traité de matériaux manuscrits* que cette collection, grossie successivement par MM. Buache, père et fils, alla se disséminer à la mort de ce dernier *dans les magasins des papetiers*(1). C'est chez les épiciers, c'est sur le quai, c'est chez des bouquetières même(2) que Monteil nous dit avoir trouvé par paquets les

(1) *Monteil, traité de matériaux manuscrits,* Paris, 1835, 2 vols in-8vo. tom. I. pag. 349.

(2) Pour l'édification de ces magistrats qui s'imaginent que rien n'a été distrait de ce qui existait dans les archives de certains établissements, il est bon de rappeler que le *registre original d'enquêtes faites par les commissaires du Parlement, sur la religion, la vie, les mœurs des Ducs et Pairs de France, depuis l'année* 1721, *jusqu'à l'année* 1765, (un volume in-folio, maroquin rouge dentelle) qui est décrit dans l'ouvrage cité de Monteil, (tom. II. pag. 75) a été trouvé chez une bouquetière.

" Ce recueil (dit Monteil) manque à l'immense collection des registres du Parlement. Je l'ai acheté en feuilles de quelqu'un qui venait de l'acheter chez une bouquetière du Quai aux Fleurs."

Ce n'est pas d'aujourd'hui au reste que datent ces trouvailles faites dans d'obscures boutiques. On lit dans les Mémoires du Maréchal de Villars (tom. III. pag. 119, édition de la Collection *Petitot,* tom. LXX), que dans une affaire portée en 1722, devant le Régent, celui-ci,

manuscrits autographes de De l'Isle, de Cassini, d'Halley, etc., etc., ainsi que d'autres manuscrits non moins importans qu'il a décrits dans son *Traité de matériaux manuscrits* et qui ont figuré à la vente qu'il fît du 26 au 29 Novembre de l'année 1835. Monteil n'a eu qu'une petite partie de la collection de Buache. Cette masse de papiers s'est répandue entre mille mains. Il en a paru, en 1833, dans le catalogue d'Abel Remusat(1). C'est dans ce fonds que Klaproth avait puisé plusieurs des manuscrits les plus intéressans qui ont figuré à sa vente(2) effectuée après sa mort en 1839. C'est de là, par exemple, que sont sortis les manuscrits si nombreux de De l'Isle, de Cassini, de Buache, des Missionnaires, etc., etc., qui, sans donner lieu à aucune réclamation, ont figuré, en 1830, en 1831 et en 1833, dans les Catalogues des Manuscrits et des Autographes de M. Thomas Thorpe, libraire anglais très connu.

J'ai acheté à différentes reprises un grand nombre de ces paquets de papiers précieux qui ont contribué considérablement à enrichir ma collection, et, depuis que je suis l'objet d'une si odieuse persécution, je m'en suis procuré d'autres dans l'intérêt de ma défense. On conçoit qu'il n'est pas facile de constater régulièrement l'origine d'autographes, qu'à l'exemple de Monteil et de M. Monmerqué, Conseiller à la Cour Royale, on a trouvés sur le quai ou chez des épiciers. Les magistrats qui ont laissé pendant plus de vingt ans traîner dans la rue, sans jamais y faire attention,

ayant dit : *Apportez le brevet en original*, s'attira cette réponse du Maréchal de Villars :

" Je répondis que Son Altesse Royale pouvait savoir que le testament de Louis XIII en original, avait été trouvé chez les épiciers, et le traité d'Osnabruk chez les beurriers, et que par conséquent un brévet moins important se trouveroit difficilement."

Voici comment se passent les choses : Certains conservateurs laissent souvent tomber chez des épiciers, ou chez des beurriers les documents les plus importants confiés à leur garde ; des gens instruits, des collecteurs, découvrent ces documents, et les arrachent, à prix d'argent, à la destruction. Puis viennent des experts qui calomnient ces collecteurs, et des juges qui les condamnent. Chacun fait son métier.

(1) Voyez les Nos. 895, 1284, 1552, etc. de ce catalogue.

(2) Voyez, par exemple, les Nos. 254, 942, 1913, 1914, 1918, 1923, 1924, 1930, 1937, etc., de la première partie du catalogue Klaproth.

ces documens dont l'origine *ne peut être un instant douteuse*, croient pouvoir chanter victoire lorsqu'il leur plaît d'incriminer quelques minces débris, trouvés chez moi, de cette immense collection. Heureusement, les papiers sortis de la collection de Buache se reconnaissent, en général, à un certain air de famille et à différentes circonstances, propres à éclairer les personnes qui veulent les examiner avec soin. Les annotations écrites à l'encre ou au crayon par MM. Buache, père ou fils, sur un nombre considérable de ces papiers; des notes attachées avec des épingles sur plusieurs de ces documens, ou ajoutées à la plupart de ces pièces(1); des indications se rapportant aux collections d'où elles sont sorties; d'autres indications plus singulières encore qu'on peut voir sur les chemises de certains paquets ou sur les portefeuilles qui renfermaient ces pièces, tout cela, sans parler de la nature même des pièces, forme un ensemble de preuves qui ne peuvent laisser aucun doute à l'œil exercé d'un bibliographe.

Le désir d'abréger ne me permet de donner ici, Monsieur le Président, qu'un petit nombre de faits à propos de cette collection de Buache, qui me fournira, plus tard, matière à de plus amples développemens. Aujourd'hui je passerai rapidement sur ce sujet.

A ceux qui m'accusent de vol parcequ'ils auraient trouvé chez moi une note scientifique de De l'Isle, je répondrai en indiquant les manuscrits autographes, les notes, les mémoires, la correspondance de ce même De l'Isle qui se trouvent, avec d'autres manuscrits provenant de Buache, dans les catalogues de M. Thorpe(2) pour les années 1830, 1831

(1) Ces particularités avaient été remarquées depuis un assez grand nombre d'années. Voyez · *Monteil, traité de matériaux manuscrits*, tom. I. pag. 99.—*Catalogue des livres d'Abel-Rémusat*, Paris, 1833, in-8vo. N°. 895, etc.

(2) Pour ne pas dépasser les limites que je me suis prescrites, je me bornerai à citer ici le N°. 13392 du catalogue des Manuscrits de M. Thorpe, pour l'année 1830; voici la description de cet article telle qu'on la lit en anglais dans ce catalogue:

" 13392. Lisle (Joseph Nicholas de) Several unpublished Papers in his hand-writing, among which are Observations on the Spheres, Astronomical Observations made at Luxembourg, the 1st July 1724, (these are continued to the first of November), autograph letters from and to him, &c. &c., 4to.—Also a Memoire in 6 folio pages, on Newton's Philosophy of Light and Colour."

et 1833, et les papiers du même genre qui ont figuré dans les catalogues de M. Abel Rémusat, membre de l'Institut, et de M. Klaproth, ainsi que dans le catalogue des manuscrits de M. Monteil(1). Dans les catalogues que je viens de mentionner, sont indiqués divers mémoires ou rapports de Buache, de De l'Isle, de Cassini, de Fontenelle, etc., ainsi que des lettres adressées aux Académies par Delambre et par d'autres savants(2). J'ai entre les mains un mémoire

" De Lisle was Professor of Astronomy at Petersburgh, and published several esteemed Works."

Le nom de ce géographe célèbre a été écrit tantôt De l'Isle, tantôt De Lisle, tantôt même Delisle, mais c'est toujours le même savant. Dans le livre qui a servi de *Code d'érudition* à certains magistrats (je veux dire le célèbre *Manuel* de M. Fontaine), cet illustre géographe a été confondu probablement avec l'auteur des *Jardins*, et appelé *Delille*, (*Manuel*, pag. 348).

(1) J'ai déjà indiqué plus haut (pag. 40) quelques-uns de ces manuscrits qui ont figuré aux ventes de Klaproth et d'Abel-Rémusat. Dans la vente effectuée par Monteil en 1835, il avait paru des masses de ces mêmes manuscrits, et encore Monteil nous dit qu'il en avait déjà vendu beaucoup auparavant (*Monteil, traité de matériaux manuscrits*, tom. I, pag. 342—351; tom. II. pag. 85, 173—176, 202—204, 374 etc.)

(2) Dans son catalogue de manuscrits pour l'année 1830, M. Thorpe annonce sous le N°. 12519, à propos d'une lettre adressée de la Chine, par le missionaire Hallerstein à De l'Isle, et mise en vente dans ce catalogue, qu'on trouvera dans ce même catalogue *les papiers de De l'Isle.* Ce catalogue, en effet, est rempli des papiers de De l'Isle, de Cassini, etc. etc., ainsi que de pièces provenant des archives des Académies. C'est surtout à partir de cette année que les catalogues de M. Thorpe contiennent de tels documents. Dans le catalogue de 1830, on trouve aussi au N°. 12349, des papiers de Buache. Cela semble indiquer que tous ces papiers sont sortis de la même source; c'est-à-dire de la collection de Buache qui en contenait tant d'autres du même genre. Il ne serait pourtant pas impossible que les papiers provenant des Académies ou de l'Observatoire, qui ont été jetés sur le marché anglais dès l'année 1830, eussent, en partie du moins, une autre provenance; c'est là une conjecture à propos de laquelle je m'expliquerai plus clairement, peut-être, en discutant une autre partie de l'Accusation. Quant aux papiers de l'Institut que contenaient les anciens catalogues de M. Thorpe, je ne citerai aujourd'hui que les lettres adressées par Quatremère de Quincy, par Ruffin, par Senebier, au président de l'Institut, qui se voient avec beaucoup d'autres pièces du même genre dans le recueil annoncé sous le N°. 12905 du catalogue de 1830, et le N° 229 du catalogue de 1833 (toujours du même M. Thorpe) qui contient une *très intéressante lettre* (dit ce catalogue) adressée par Delambre au secrétaire de l'Académie des Sciences de Paris.

original, lu à la séance publique de l'Académie des Sciences le 1er Avril 1761. Ce mémoire a figuré à la vente Klaproth(1) ainsi qu'un mémoire relatif aux manuscrits de Fréret, et qui porte encore l'adresse : *à M. Bougainville, Secrétaire Perpétuel de l'Académie des Belles Lettres*(2). Il suffit de jeter les yeux sur quelques-uns de ces manuscrits pour se convaincre, qu'ils n'ont pu sortir que des archives des Académies. Aussi Monteil, à propos d'un manuscrit autographe de De l'Isle qu'il avait ramassé, avec beaucoup d'autres, chez les papetiers et qu'il mit en vente en 1835, ne put s'empêcher de s'écrier dans son Catalogue :

"Comment ce savant, rare et précieux manuscrit, n'est-il pas dans les rayons de la Bibliothèque de l'Institut ?"(3)

Indépendamment des *neuf cartons* de la correspondance autographe de De l'Isle avec les plus illustres savants de l'Europe, cartons qui furent mis en vente en même temps que les livres de Buache en 1826, les *quatre vingt portefeuilles ou cartons*, qu'on vendit en bloc à la même vente renfermaient une foule de précieux manuscrits relatifs aux sciences, aux lettres et aux arts, qui, après avoir passé par les boutiques des épiciers, se sont répandus partout. Chaque carton, chaque chemise, renfermait des pièces du plus grand prix, et portait le plus souvent, on ne saurait trop appuyer sur

(1) C'est le N°. 1914 de la *première partie*. Il est à remarquer que la seconde partie de ce catalogue a été rédigée par M. Landresse, alors sous-bibliothécaire (aujourd'hui bibliothécaire en chef) de l'Institut, qui ne trouva rien à redire à cette annonce du catalogue Klaproth :

" 1914. Observations sur la construction de l'ancienne carte itinéraire, connue sous le nom de Peutinger, mém. lu à l'Acad. des Sc. le 1er avril 1761." J'ai reproduit ici l'abréviation du catalogue ; le mémoire original dit en toutes lettres, *Mémoire lu à l'Académie des Sciences dans son Assemblée publique du* 1er *Avril* 1761.

Dans la seconde partie de ce même catalogue (rédigée par M. Landresse) on trouve au No. 161, un recueil de pièces manuscrites qui, suivant l'Acte d'Accusation, proviendraient de l'Observatoire. (*Moniteur*, pag. 2694).

(2) Ce mémoire se trouvait dans la *liasse des pièces manuscrites, provenant des papiers de M. Buache, contenant des observations, des mémoires, des lettres autographes, la plupart de ces pièces relatives à la géographie*, mise en vente sous le N°. 1913, du catalogue Klaproth, (première partie).

(3) *Monteil, traité de matériaux manuscrits,* tom II. p. 173.

ce point, des notes ou des indications propres à faire reconnaître la provenance des papiers qui ont appartenu à Buache. Ces chemises (j'y reviendrai) sont parfois des plus singulières. Quand Buache manquait de papier blanc pour les faire, il prenait une carte de géographie manuscrite, le *fac-simile* d'une ancienne inscription, un *Congé donné aux bâtiments de commerce français par le Conseil exécutif de la République Française*, une gravure quelconque, et même un autographe précieux. Plusieurs de ces chemises, outre les annotations de MM. Buache, père ou fils, portent des notes écrites par divers savans, tels que MM. Abel Rémusat, Klaproth, Eisenmann, Villenave, etc., qui les ont possédées après la vente de Buache. Bien que la chose puisse sembler de mince intérêt, je crois devoir vous signaler d'une manière particulière, Monsieur le Président, un de ces papiers (il en existe d'autres du même genre) employés par Buache à un office si humble. C'est la *Liste* (originale) *de Messieurs de l'Académie Royale des Sciences qui ont receu la connoissance des Temps*(1), pour l'année 1763. Cette liste, qui parmi tant d'autres signatures, porte les signatures autographes de D' Alembert, de Buffon, de Jus-

(1) Cette chemise rappelle en quelques points les gravures anciennes d'un prix inestimable qui, au Musée du Louvre, servaient de chemise à des recueils de lithographies (Voyez *Jubinal, une Lettre inédite de Montaigne*, pag. 106). J'ignore si c'est de la collection Buache, ou de toute autre collection, que provenait l'*Etat* mis en vente, au mois d'Avril 1834, dans un catalogue d'autographes publié par M. Galliot, libraire à Paris. Voici, d'après le catalogue la description de cette pièce qui se rattache à l'histoire de l'Institut, et au sujet de laquelle on pourrait bien dire, comme l'Acte d'Accusation : *de tels documents ne peuvent entrer dans le commerce :*

" An XI.

" 696.– Etat des indemnités des membres de l'Institut national pour le mois de thermidor, contenant les signatures de La Grange, Laplace, Bossut, Legendre, Lacroix, Biot, Monge, Prony, Perier, Berthoud, Carnot, Lalande, Messier, Cassini, Le Français-Lalande, Bouvard, Bougainville, Fleurieu, Buache, Vauquelin, Deyeux, Chaptal, Haüy, Desmarets, Duhamel, Sage, Ramond, Lamarck, Desfontaines, Adamson, Jussieu, Ventenat, Labillardière, Thouin, Tessier, Cels, Parmentier, Huzard, Lacépède, Tenon, Richard, Olivier, Pinel, Desluarty, Sabatier, Portal, Hallé Pelletan, Lassus Delambre, Cuvier."

Il a paru dans d'autres ventes plusieurs *Etats* semblables.

sieu, de Vaucanson, enfin de tous les membres de l'Académie, sans en excepter De l'Isle, Buache et Mairan, servait à envelopper divers papiers et mémoires de Lavoisier provenant, d'après l'Acte d'Accusation, des archives de l'Académie des Sciences. Cette chemise porte pour indication ces mots : *Mémoires et rapports de Lavoisier,* d'une écriture parfaitement identique à celle des notes qui se voient sur beaucoup d'autres chemises qu'on rencontre dans les papiers ayant fait partie de la collection de Buache. C'est dans cette chemise que se trouvaient certains écrits de Lavoisier, qu'on m'accuse d'avoir dérobés.

Ne vous semble-t-il pas, Monsieur le Président, que les papiers provenant des archives des anciennes Académies, et particulièrement ceux de Lavoisier et de De l'Isle, ayant été gardés avec un soin si particulier, qu'après avoir traîné dans vingt boutiques d'épiciers, ils se sont répandus dans toutes les collections pour figurer dans les plus célèbres catalogues de vente en France et en Angleterre, ne vous semble-t-il pas que l'Acte d'Accusation ait grande raison d'affirmer que Libri est le SEUL qui ait possédé ou mis en vente de tels papiers, et que la possession seule est dans ce cas une preuve de soustraction ? Et que faut-il penser de ce soin touchant pour la conservation des papiers des anciennes Académies, qui a porté certains collecteurs à choisir des listes signées par tous les membres de l'Académie des Sciences et écrites sur du papier très fort, pour faire des chemises destinées à préserver des autographes de moindre dimension provenant de la même source ! C'est à la suite d'une conservation si régulière que les magistrats, après avoir, sans sourciller, laissé mettre en vente cent fois, tantôt à la livre et par paquets, dans des boutiques et sur le quai, tantôt dans des catalogues où ils ont été décrits avec soin et de manière à ce que la provenance n'en pût être *un instant douteuse,* les papiers qui sortaient par masses de l'Institut ou des anciennes Académies, de l'Observatoire, et d'autres grands dépôts publics, viennent aujourd'hui me demander compte, à moi qui les ai eus peut-être de la dixième main, de quelques débris qu'ils ont pu trouver en ma possession ? N'est-il pas évident que je suis toujours un voleur ou un recéleur ? N'est-il pas évident surtout que les principes posés par les magistrats sont de nature à porter une grave atteinte au nom de Buache, membre de l'Institut, et du Bureau des Longitudes, et Hydrographe en Chef (c'est le catalogue de sa vente(1) qui le dit) du Dépôt des Cartes et Plans de la Marine, dans la bibliothèque duquel se sont trouvés des monceaux de papiers autographes provenant de l'Institut ou des anciennes Académies, de la bibliothèque de l'Observatoire, qui est celle du Bureau des Longitudes, et du Dépôt de la Marine? Pour Dieu, Monsieur le Président, repoussez, au nom de l'Institut, ces nouvelles maximes des magistrats qui auraient pour conséquence de flétrir les noms les plus illustres.

J'ai hâte d'avancer. Je ne produirai donc plus qu'un seul exemple parmi tant d'autres qu'il me resterait encore à citer: c'est celui d'Arbogast. L'Acte d'Accusation, en le nommant, me force à m'occuper de ce savant géomètre qui fut membre de la Convention et membre non résident de l'Institut. Ecoutons d'abord l'acte d'accusation :

"En 1836, Libri a acheté à la vente Perrin de Sanson un recueil de lettres adressées à Gassendi, qui renfermait, d'après les énonciations du catalogue, au moins une, et peut-être plusieurs lettres de Descartes au P. Mersenne, Depuis cette époque, il s'est rendu acquéreur des papiers d'Arbogast, contenant, dit-il, de nombreux autographes, notamment de Descartes. Mais alors même qu'il justifierait de l'acquisition légitime d'un certain nombre de ces pièces, il resterait toujours à sa charge le fait de la détention inexplicable de documents nécessairement soustraits à l'Institut."

Ici les magistrats en présence de l'acquisition que j'avais faite, au vu et au su de tout le monde, de la collection des manuscrits d'Arbogast, ne se sentant pas probablement assez forts pour faire croire, même aux mieux disposés, que j'aie dérobé les correspondances de Torricelli et de Descartes avec le père Mersenne, ou les manuscrits de Frénicle, dont il est question dans l'Acte d'Accusation, ont voulu mettre du moins à ma charge cette *détention inexplicable*, disons le mot, ce *recel* de documents sortis de l'Institut. Suivant

(1) Dans un article biographique sur Buache, M. Walckenaer, secrétaire perpétuel de l'Académie des Inscriptions et Belles-Lettres, dit que ce savant géographe était en outre *Conservateur du Depôt des Cartes de la Marine* (*Biographie Universelle, Supplément*, tom. LIX. pag. 403—404).

leur affirmation, et comme le prouve bien tout ce que j'ai dit jusqu'ici, j'ai été toujours *l'unique*, le SEUL possesseur de ces manuscrits.

Ce n'est pas la première fois que l' on entend parler des manuscrits d'Arbogast. Dès le mois de Septembre 1839, j'annonçais dans le *Journal des Savants*, l'acquisition que j'avais faite de ces manuscrits, qui, après avoir appartenu successivement à Arbogast et à Français, (ce dernier semble y avoir fait des adjonctions) étaient allés pourrir dans la boutique d'un bouquiniste de Metz. J'eus connaissance de l'existence de ces manuscrits par l'intermédiaire de M. Cretaine, libraire à Paris, et j'en fis l'acquisition par l'entremise de M. le Capitaine Didion, professeur à l'Ecole d'application de Metz(1). C'est dans la même bibliothèque de Français, dont on avait négligé les manuscrits, parce qu'ils étaient en mauvais état, et empaquetés comme de vieux papiers inutiles, que M. Arago avait trouvé des ouvrages de Newton et de Descartes, portant l'envoi autographe de l'auteur. C'est lui-même qui l'a affirmé(2) le jour où, en annonçant la découverte de ces manuscrits, je présentai à l'Institut les écrits inédits de Fermat qui formaient aux yeux des savants la partie la plus précieuse de cette collection. Ces faits sont connus de tout Paris, ils ont été racontés en détail par moi, au moment même de la découverte, dans le *Journal des Savants*; quelques années plus tard, je les ai reproduits dans un article sur Fermat qui a paru en 1845 dans la *Revue des Deux Mondes*(3). J'ai montré, dès l'origine, ces manuscrits à plusieurs personnes, auxquelles j'ai même fait remarquer des notes fort singulières d'Arbogast qui se lisaient sur quelques-uns de ces papiers. J'ai publié dans le *Journal des Savants* une pièce du plus haut intérêt relative à Pascal, et que j'avais trouvée parmi ces papiers; j'ai publié aussi une des lettres autographes de Descartes que j'y avais rencontrées(4). Bien que l'article du *Journal des Savants* portât ce titre: *Des*

(1) Voici ce que j'ai dit à ce sujet dans l'article publié à propos de ces manuscrits dans le *Journal des Savants* (Septembre 1839, pag. 361.) " C'est par un libraire de Paris, auquel on avait envoyé un liste informe de plusieurs livres qui étaient à vendre à Metz, que nous avons appris l'existence de ces manuscrits dont un professeur distingué de l'Ecole d'Application de Metz, M. le Capitaine Didion, a bien voulu faire l'acquisition pour nous."

(2) Voyez le *Journal des Savans*, Septembre 1839, pag. 561.

(3) Livraison du 15 Mai 1845, pag. 700—701.

(4) *Journal des Savans*, Septembre 1839, pag. 553—554.

manuscrits inédits de Fermat et que tout le reste ne fût qu'un hors-d'œuvre, je ne manquai pas d'indiquer rapidement dans cet écrit, la manière dont j'étais devenu possesseur de ces précieux papiers, et de signaler quelques-unes des principales pièces autographes contenues dans cette collection. Voici un des passages où je parle de mon heureuse trouvaille :

" Les écrits de Fermat, dont nous nous occupons, faisaient partie d'une collection volumineuse que nous avons acquise récemment, et qui contient une foule de pièces inédites des plus illustres géomètres. Nous nous bornerons à citer Viete, Descartes, Roberval, l'Hospital, Jean Bernoulli, Varignon, Euler, D'Alembert et Lagrange(1)."

L'Acte d'Accusation qui se plaît à chaque instant à me reprocher les manœuvres les plus savantes, les *frauduleuses altérations,* les *précautions astucieuses,* les *supercheries* mystérieuses à l'aide desquelles je me serais approprié des objets provenant des établissemens publics de la France, ne saurait me reprocher ici d'avoir procédé par ruse et dans *les ténèbres.* Dès que j'ai entre les mains ces manuscrits de Descartes, de Fermat, de Roberval, etc., qu'on m'accuse aujourd'hui d'avoir dérobés, j'embouche la trompette et je les annonce hautement *Urbi et Orbi.* La découverte de ces manuscrits fait un tel bruit que le gouvernement s'en émeut, et que M. Villemain, alors ministre de l'instruction publique, présente un projet de loi à la Chambre des Députés et demande des fonds pour la publication de ces manuscrits. M. Arago est chargé de faire un rapport à la chambre sur cette question, et bouleverse, malgré les observations judicieuses de M. Villemain, le projet de publication que ce ministre si cher à l'Université avait présenté. La Chambre des Pairs ne tenant aucun compte des observations de M. Arago, qui étaient trop clairement dirigées contre moi, revint aux idées de M. Villemain(2). Malgré la rancune profonde de M. Arago, qui mettait à son concours la condition que je ne fusse pas chargé de diriger(3) cette publication

(1) *Journal des Savans,* Septembre 1839, pag. 553.

(2) Voyez la *Revue des Deux Mondes,* livraison du 15 Mai 1845, pag. 703 et suiv.

(3) L'Acte d'Accusation, entre autres choses, me représente comme un homme avide, et repousse dédaigneusement, en ces termes, la supposition de présents que j'aurais faits à différentes bibliothèques :

" La munificence de Libri aurait enrichi plusieurs bibliothèques !

(c'est M. Villemain lui-même qui me l'a appris), ce ministre pour qui je conserverai toujours les sentiments de

Quant à celle de Carpentras et à la bibliothèque Mazarine, on sait désormais à quoi s'en tenir. Il faut voir maintenant ce qu'il en est de ses libéralités projetées à l'égard de la Bibliothèque Nationale, etc."

Chaque réponse arrivera à son temps, et les magistrats n'auront pas à s'applaudir, je crois, du ton qu'ils ont pris dans ce paragraphe. Il me suffira de dire aujourd'hui, à propos des manuscrits de Fermat, que lorsque, à la suite des publications que j'avais faites dans le *Journal des Savants*, (Septembre 1839, et Mai 1841) M. Villemain forma le projet de faire paraître les œuvres de Fermat, il me fit l'honneur de me proposer d'acheter les manuscrits qui étaient en ma possession, afin de les publier. Ma réponse au Ministre fut que non seulement je n'accepterais aucune indemnité pour ces manuscrits, mais que si j'étais chargé *gratuitement* de cette publication, je ferais présent à la Bibliothèque Royale de ces manuscrits, auxquels les savants attachaient un très haut prix. M. Villemain voulut bien m'écrire à ce sujet la lettre suivante, qui est entre mes mains :

" Cabinet du Ministre.

" Ministère de l'Instruction Publique.

" Paris, le 11 Avril, 1843.

" Monsieur, j'ai l'honneur de vous remercier de l'envoi que vous voulez bien me faire des manuscrits inédits de Fermat. J'ai remis ces manuscrits à M. le Chef du Secrétariat du Ministère, qui les gardera en dépôt sous sa responsabilité, jusqu'à l'époque où il sera donné suite au projet d'une publication des œuvres complètes de Fermat. A ce moment, Monsieur, ces manuscrits seront donnés selon votre intention à la Bibliothèque du Roi, sauf l'usage que vous aurez à en faire pour la publication précitée dont vous seriez l'éditeur. Si, au contraire, ce projet ne se réalisait pas, M. le Chef du Secrétariat sera toujours prêt à vous les remettre.

" Agréez, Monsieur, l'assurance de ma considération la plus distinguée.

" Le Pair de France,
" Ministre de l'Instruction Publique,
" VILLEMAIN.

" M. Libri, Membre de l'Institut.
" A la Sorbonne."

Ces papiers, qui contenaient les pièces de Fermat, et d'autres savants, qu'il semblait utile de comprendre, en entier ou en partie, dans cette publication, restèrent long-temps au Ministère, et ne purent être compris dans aucune des négociations auxquelles donna lieu la vente de la collection de manuscrits que je possédais. Plus

la plus vive reconnaissance, n'hésita pas à me charger d'élever à la Mémoire de Fermat un monument sur lequel je me serais efforcé de graver en caractères ineffaçables mes sentiments pour le pays qui m'avait adopté. Veuillez dire à M. Arago, Monsieur le Président, que c'était à ce moment là, que, lui mon ennemi, lui qui, en sa qualité de secrétaire perpétuel de l'Académie des Sciences, ne pouvait pas ignorer(1) ce que devaient contenir les cartons de l'Institut, que c'était alors, dis-je, et en face, qu'il aurait dû m'accuser et proclamer hautement le vol. Ce n'est pas par excès de courage que cet astronome célèbre a attendu, pour répandre ces calomnies, le jour où il était porté à la dictature sur les pavois avinés des vainqueurs de Février.

Ce qui précède pourrait servir à me laver des ridicules accusations qui ont été dirigées contre moi à propos de l'Institut. Mais puisqu'on m'y force, puisque l'Acte d'Accusation veut absolument que la possession seule de certains objets soit un crime, voici quelques détails (j'en donnerai d'autres plus tard si on le demande) au sujet de la collection formée par Arbogast, ancien membre de la Convention et de l'Institut.

Dans le paragraphe reproduit plus haut de mon article inséré au *Journal des Savants* au moment où j'avais eu à peine le temps de jeter un coup d'œil sur la collection d'Arbogast dont je venais de faire l'acquisition, je disais, à propos des pièces autographes dont cette collection se composait et dont plusieurs étaient anonymes : *Nous nous bornerons à citer Viete, Descartes, Roberval, l'Hospital, Jean Bernoulli, Varignon, Euler, D'Alembert et Lagrange.* Bien que ce ne soit là qu'une énumération incomplète (*nous nous bornerons*), les magistrats pourraient peut-être se croire en droit de repousser, comme n'ayant pas fait partie des papiers d'Arbogast, tout écrit qui ne serait pas compris dans cette énumération. Heureusement Arbogast, qui était un homme

tard, après que M. Villemain eût quitté le pouvoir, fatigué de certaines hostilités sourdes que je rencontrais, et qui partaient principalement de l'Observatoire, je me retirai de cette publication, et je repris la libre disposition de ces manuscrits, que j'ai eu le bonheur de soustraire à la rage de mes ennemis. Voilà comment j'ai avec moi en Angleterre quelques parties des manuscrits d'Arbogast.

(1) Voyez plus loin, pag. 61.

d'ordre, et qui, comme je l'ai déjà fait connaître dans l'article plusieurs fois cité du *Journal des Savants*, avait indiqué de sa propre main quels étaient les écrits de Fermat qu'il avait trouvés dans la bibliothèque des ci-devant Minimes à Paris, Arbogast, qui a eu soin de dresser la liste des lettres de Descartes qu'il possédait et qu'il déclare avoir *trouvées* (sic) *à l'Académie des Sciences*, Arbogast, qui affirme avoir *trouvé* encore a l'Académie des Sciences les lettres de Torricelli qu'il avait entre les mains, Arbogast n'a pas manqué d'écrire, toujours de sa main, la liste des manuscrits et des lettres qu'il possédait. Cette liste je l'ai, la voici :

“ *Indication des savans dont je possède les Manuscrits, le Commercium epistolicum, ou des pièces séparées.*

“ D'Alembert, Bachet, Bernoulli, Billy, Borda, Borelli, Bouguer, Bouillaud, Cassini, Cavalieri, Charpit, Clairaut, Condorcet, Descartes, Euler, Fermat, Flamsteed, Fontaine, Frenicle, Galilée, Gassendi, Halley, Hevelius, Hobbes, Huyghens, Kepler, La Condamine, Lagrange, Lahire, Lambert, Leibnitz, L'Hospital, Mersenne, Moivre, Mydorge, Newton, Oldenbourg, Ozanam, Pascal, Peiresc, Réaumur, Renaldini, Roberval, Simpson, Torricelli, Varignon, Viete, L. de Vinci, Viviani, Wallis.”

Outre les noms que j'avais fait connaître dans l'article publié en 1839 par le *Journal des Savants*, cette liste contient encore d'autres noms que l'Acte d'Accusation a eu soin de ramasser. Ce sont ces lettres ou ces manuscrits de Descartes, de Frénicle, de Torricelli, de Renaldini, de Borda, etc., etc., qui étaient restés si long-temps entre les mains d'Arbogast et de Francais, sans jamais exciter aucune réclamation ; ce sont ces manuscrits, dis-je, que l'Acte d'Accusation me fait un crime de posséder. Cette accusation a été soulevée, non pas au moment où l'acquisition a eu lieu au su et au vu de tout le monde, non pas au moment ou j'ai fait connaître au public cette acquisition, dont le gouvernement, l'Institut, l'Europe entière ont été informés, mais onze ans plus tard, à la suite d'une révolution qui avait porté mes ennemis a la dictature. Voilà comment procède la justice en France quand elle s'occupe de moi. Les pièces dont je viens de parler, portant les annotations que j'ai signalées, ont été vues par différentes personnes, même par des membres de l'Institut. Si l'Institut voulait faire examiner par une commission choisie dans son sein une question qui doit l'intéresser à tant de titres, je m'empresserais de fournir à cette commission tous les renseignements qui pourraient faciliter ses recherches.(1) Il serait fâcheux que l'Europe pût croire qu'une question si grave a été jugée, sans avoir jamais été sérieusement examinée.

Je vous prierai de remarquer, Monsieur le Président, que dans tout ce qui précède je n'ai pas mis le moins du monde en doute la parfaite exactitude des assertions des experts et du parquet. J'aurais pourtant bien des choses à dire, bien des observations à faire sur leur véracité, sur leur bonne foi, sur leur loyauté; mais cette lettre est déjà si longue que je me bornerai à un très petit nombre de remarques.

D'abord, quant à tous ces *rapports,* quant à toutes ces lettres adressées à Bignon et autres *secrétaires perpétuels* de l'Académie des Sciences, etc., lettres et rapports qu'on indique d'une manière si générale qu'il serait absolument impossible d'en constater l'identité d'après l'Acte d'Accusation, je commencerai par faire remarquer, qu'à supposer qu'on les ait réellement trouvées chez moi, ces pièces n'ont absolument aucune valeur vénale. C'est sans doute pour cela que M. Rodd, chargé par Lord Ashburnham de recevoir et de faire mettre en caisses tous les manuscrits qui étaient chez moi a cru inutile de les ramasser(2). Comme je l'ai montré plus haut, ces pièces se trouvaient en grand nombre dans les papiers de Buache, et, si cela devient nécessaire, je prouverai mieux encore une autre fois qu'il s'en est vendu des quantités par lots et par paquets. Sauf quelques cas exceptionnels ces *rapports,* qui généralement sont écrits de la main d'un copiste, se vendent dix ou vingt sous pièce, même lorsqu'ils portent les signatures les plus illustres, après qu'on a fait la dépense de les annoncer dans un catalogue. Aussi s'est-il trouvé peu de personnes disposées à en faire passer dans les ventes. Le rapport de Berthollet dont il a été question plus haut et qui fut mis en vente, en 1837, par M. Mon-

(1) Voyez plus loin, pag. 71.
(2) Voyez ma *Réponse au Rapport de M. Boucly,* § 28 bis.

merqué, Conseiller à la Cour royale, quoiqu'entièrement écrit de la main de Berthollet et signé par lui, ne rapporta que trois francs après avoir été accolé à une lettre du Général L. Berthier. Trois francs pour les deux pièces, c'est, l'un dans l'autre, modestement, trente sous pour chacun de nos rapports, Monsieur le Président, quand ils sont autographes et signés.

L'Acte d'Accusation s'exprime ainsi qu'il suit à propos des lettres de Descartes qu'auraient renfermées les Archives de l'Institut :

"Le même carton, N°. 33, indique soixante-cinq lettres de Descartes au P. Mersenne, qui ne s'y trouvent plus. Le carton N°. 27 renferme une chemise intitulée *Lettres de Descartes au P. Mersenne et au Chevalier Cavendish, etc.* On n'y voit plus que trois lettres adressées au P. Mersenne."

Je ne suis, bien entendu, qu'un italien, qu'un étranger; qu'on me permette pourtant de faire remarquer que lorsqu'on a l'honneur d'être français, et qu'on a passé trente mois à préparer un Acte d'Accusation, il n'y aurait point d'inconvénient à ce que ce document fût écrit passablement en français. Or, il me semble, qu'un carton *n'indique pas* tout seul *des lettres* de Descartes, ou de toute autre personne, *qui ne s'y trouvent plus.* Ce carton portât-il le No. 33, ce carton, en sa qualité de carton de l'Institut, fût-il un carton savant, eût-il même été construit par le fameux Vaucanson, lequel a fait des oiseaux qui mangeaient, digéraient, etc., je pense qu'il eût été à propos de montrer par quel moyen ce carton *indique ce qui ne s'y trouve plus.* Une indication, quelle qu'elle soit, donne toujours lieu à des interprétations, à des inductions, etc. etc., or nous savons déjà comment les experts et les magistrats se servent contre moi, des indications qu'ils peuvent recueillir. Le fameux *Catullus* qu'on m'accusait d'avoir dérobé à la bibliothèque de Montpellier, portait une *indication* qui signifiait JEAN ; au lieu de ce nom assez connu on a lu DIX, et cette *indication* a servi de base à une formidable accusation, qui est devenue le cheval de bataille des magistrats, et qui occupe presqu'une colonne du *Moniteur*. Si vous avez lu, Monsieur le Président, dans une lettre à M. Barthélemy Saint-Hilaire, le sort qu'a eu ce grief accablant, vous excuserez ma curiosité de connaître un peu mieux comment les cartons de l'Institut *indiquent ce qui ne s'y trouve plus*. La science est toujours mystérieuse, et il y a certes quelque mystère dans ces deux cartons 33 et 27, dont l'un indique ce qui ne s'y trouve pas, et dont l'autre contient ce qu'il n'indique pas devoir s'y trouver. Ne croiriez-vous pas, Monsieur le Président, qu'il serait opportun de faire faire, à propos de ces deux cartons, un rapport qui, suivant l'occasion, pourrait plus tard, s'il était entièrement autographe, se vendre trois francs à une autre vente de M. Monmerqué, Conseiller à la Cour royale, ou servir de chemise dans une future vente Buache? Des commissaires, qui seraient membres de l'Institut et qui, en cette qualité, auraient toutes les lumières et toute l'impartialité dont les experts étaient privés, feraient remarquer sans doute, que rien n'annonce que les *chemises* ou les *indications*, dont il s'agit ici, se rapportent à une époque assez récente pour qu'on puisse en tirer un seul indice de culpabilité contre moi; que les papiers contenus dans une chemise ont pu en sortir et être confondus, même à dessein, avec d'autres papiers, par des experts qui n'ont pas offert jusqu'ici de grandes preuves de savoir ou d'impartialité; qu'en outre pour constater l'identité d'un autographe, il ne suffit pas de dire que c'est une lettre écrite par *un tel*. Les savants, les érudits ont écrit dans leur vie des milliers de lettres, dont on ne peut établir l'identité que par la date, par le contenu, et par d'autres circonstances qu'il n'est pas nécessaire d'énumérer. Ces commissaires ne manqueraient pas, sans doute, de faire observer qu'en ce cas, comme toujours, l'Acte d'Accusation ne procède pas autrement qu'en disant :

"Le carton 33 indique, ou semble indiquer, génériquement des objets qui (à ce qu'on dit) ne s'y trouvaient plus au moment où les experts l'ont examiné, et qu'il a pu renfermer à une époque quelconque, peut être fort ancienne; M. Libri a possédé, ou semble avoir possédé, des objets de la même nature: donc il y a identité, donc c'est un voleur."

A l'Institut, on raisonne mieux; et c'est pour cela que ce corps illustre, dont certains magistrats, j'ai eu l'honneur de vous le faire remarquer, connaissent si peu l'histoire, a pu contribuer si largement aux progrès des connaissances humaines. Des commissaires choisis au sein de l'Institut apprendraient sans doute à ces magistrats, qu'il s'est vendu à différentes époques des lettres de Descartes par lots et par paquets(1) ; qu'il en existe au British Museum ; que la correspondance de Descartes ne se voyait déjà plus à l'Institut lorsque M. Cousin, il y a vingt six ans, a publié de nouveau cette correspondance dans son excellente édition de Descartes(2) ; que M. Cousin a dû se contenter de tirer les additions importantes qui se trouvent dans son édition, d'un exemplaire de l'édition de 1667 des lettres de Descartes, existant à la bibliothèque de l'Institut et à la marge duquel un savant, dont on ignore le nom, a ajouté d'une écriture qui date d'un siècle, des additions fournies par les manuscrits qu'avait possédés La Hire(3). A l'appui de ce qu'on vient de lire, ces commissaires montreraient aux rédacteurs de l'Acte d'Accusation un *fac-simile* de l'écriture de Descartes, placé par M. Cousin en tête du XIe volume (publié en 1826) des Œuvres de Descartes, et ils leur montreraient le passage suivant qu'on voit dans ce même volume (4) :

" Enfin, pour satisfaire la curiosité si naturelle qui recherche les moindres traces d'un homme de génie, et croit retrouver quelque chose de lui jusque dans son écriture, nous publions le *fac-simile* d'un billet autographe de Descartes que nous devons à

(1) Dans le catalogue des autographes de M. Thorpe pour l'année 1833, on voit au N°. 234, *cent vingt-sept lettres autographes* de Descartes, ou qui lui sont adressées, mises en vente pour *huit livres sterlings, huit schellings*, (environ 210 francs). Au N°. 233 et 235 de ce même catalogue, se voient deux longues et intéressantes (ce sont les épithètes employées par M. Thorpe dans son catalogue) lettres autographes de Descartes, mises en vente (avec de beaux portraits) au prix de 7 shellings 6 pence (environ 10 francs) chacune.

(2) Œuvres de Descartes publiées par V. Cousin, Paris 1824—26, 1 vol. in 8vo.

(3) Voyez l'*Avertissement* par M. Cousin, en tête du tome VI. publié en 1824, de cette édition. M. Cousin dit, que cet exemplaire, appartenant à l'Institut, porte l'estampille de l'Université.

(4) Page vii de l'*Avertissement*.

l'amitié d'un de ses plus proches descendants, M. le Marquis de Châteaugiron, et nous espérons que cette attention ne sera pas mal reçue par les amateurs d'autographes, car ce billet, en lui-même insignifiant, est pourtant *la seule trace qui nous reste de l'écriture de Descartes.*"(1)

Ce témoignage, déjà si considérable, de M. Cousin se trouve corroboré et confirmé par deux lettres qui sont entre mes mains, l'une de Mlle. Germain, célèbre par ses travaux mathématiques l'autre de M. Fourier, ancien secrétaire perpétuel de l'Académie des Sciences. Vous connaissez déjà, Monsieur le Président, la lettre de Mlle. Germain que j'ai citée plus haut (pag. 33—34). Si je la reproduis ici avec celle de M. Fourier, c'est que ces deux lettres se complètent mutuellement. Voici d'abord ce que m'écrivait Mlle. Germain :

" Je me suis empressée, Monsieur, de demander à M. Fourier les renseignemens que vous désirez ; malheureusement il paraît que les papiers de Fermat, de Descartes et des autres anciens

(1) M. Cousin n'est pas seulement un philosophe éminent ; c'est un érudit, patient et sagace, qui connaît les manuscrits, et qui sait en tirer un grand profit, comme le prouvent ses travaux sur Pascal, et sur Abélard. Peut-on croire que, si les cartons de l'Institut eussent contenu en 1824 et en 1826 les masses de lettres de Descartes qu'on prétend aujourd'hui y être restées jusqu'à ces derniers temps, M. Cousin, le fouilleur par excellence, M. Cousin qui trouvait à l'Institut même cet exemplaire des lettres de Descartes, qu'il mettait à profit pour son édition, n'en aurait rien su ? Peut-on imaginer que M. Biot et M. Feuillet, lesquels ont donné en 1814 une excellente biographie de Descartes, dans la *Biographie Universelle*, auraient ignoré une particularité si digne de remarque ? M. Biot, membre de l'Institut, qui a prouvé dans toutes les circonstances, qu'en lui l'invention et l'érudition marchent de front ; M. Feuillet, savant à jamais regrettable qui est resté plus de quarante ans attaché à l'Institut, d'abord comme sous-bibliothécaire, ensuite comme bibliothécaire-en-chef, et qui, personne ne l'ignore à l'Institut, avait tout mis en ordre, tout examiné dans l'établissement confié à ses soins ? Quelques lettres égarées, comme on le voit par l'Acte d'Accusation, dans des cartons qui *ne les indiquent pas*, ont pu se trouver à l'Institut, mais des masses, comme pour me nuire le suppose ce document, si elles ont existé dans cet établissement, en sont sorties depuis longues années.

géomètres qui d'après ce qu'on vous a dit devaient exister à l'ancienne Académie des Sciences, ont été égarés ou enlevés ; on s'en est assuré, m'a-t-il dit, lorsque l'Académie a proposé un prix pour la démonstration du dernier théorême de Fermat. Déjà à la révolution les archives des Académies avaient été mises au pillage, et, par suite du goût des autographes qui s'est tant répandu, les pièces les plus remarquables qui existaient à l'Institut ont disparu. M. Fourier m'a raconté à ce sujet des choses fort curieuses qni prouvent qu'on ne se fait aucun scrupule de puiser dans les cartons de l'Institut ; du reste, il en est à peu près de même partout. On m'a assurée que les lettres des plus anciens astronomes de l'Observatoire sont mises très galamment à la disposition des femmes du monde ; c'est donc plutôt dans les albums des dames que dans les archives de l'Institut que vous avez la chance de trouver ce que vous cherchez.

"Je compte toujours sur l'honneur de vous voir Mercredi. Agréez l'assurance de la considération la plus distinguée.

"S. GERMAIN."

Cette lettre emprunte la date dont elle manque à la lettre suivante que M. Fourier me fit l'honneur de m'adresser le 12 Juin 1825, et dans laquelle se trouve la confirmation de ce que m'avait annoncé Mlle. Germain. La lettre de M. Fourier est écrite sur ce papier, appelé communément *à tête* dont se servent les secrétaires de l'Institut, et les quatre premières lignes de cette lettre sont en caractères imprimés :

"Institut de France

"Académie Royale des Sciences.

"Paris, le 18

"Le Secrétaire perpétuel de l'Académie.

"J'ai l'honneur de me rappeler ausouvenir de M. Libri et le prie de m'informer s'il a une copie du rapport fait par M. Cauchy, le 9 Août 1824, sur son mémoire relatif à la théorie des nombres.

"Je désirerais faire mention de ce rapport dans l'analyse des travaux annuels, et le citer d'une manière qui conviendrait à Monsieur de Libri. Je lui communiquerai auparavant cette citation.

"J'ai inutilement cherché ce rapport dans les pièces qui m'ont été remises ; je prie Monsieur de Libri, de me le communiquer le plus promptement qu'il lui sera possible. Je l'enverrai prendre chez lui, demain avant midi.

" Je prie, Monsieur de Libri, d'agréer mes vœux et mon désir de conserver les sentimens qu'il veut bien m'accorder.

J^h. FOURIER."

" Si Monsieur de Libri a vu Mademoiselle Germain il a dû apprendre que l'Académie a perdu la plus grande partie de ses anciens papiers. Les écrits mathématiques que Monsieur de Libri désirait consulter, n'existent malheureusement plus dans nos archives."

" 12 Juin, Paris.

Cette lettre porte pour adresse, *Monsieur, Monsieur de Libri, Hôtel de Bretagne.* C'est l'hôtel dans lequel je demeurais en Juin 1825, pendant un voyage que je fis à Paris dans ma première jeunesse. Au mois de Juin de cette année, M. Fourier, se préparant à publier l'*Analyse des travaux de l'Académie* qui fut imprimée et distribuée à la séance publique de l'Académie des Sciences du 20 Juin 1825, et voulant, avec une rare bienveillance, encourager les travaux d'un jeune homme dont un mémoire avait déjà été jugé digne en 1824 d'être inséré dans le *Recueil des Savants Etrangers*, me fit l'honneur de m'adresser cette lettre, que je suis doublement heureux d'avoir pu conserver. La mention si flatteuse qu'il voulut bien faire de mon travail se trouve dans l'*Analyse* (publiée en 1825) *des travaux de l'Académie Royale des Sciences pendant l'année* 1824 ; *partie mathématique* (pag. LXVIII). C'est là ce qui détermine exactement la date de cette lettre de M. Fourier. Comme cela sera prouvé par une foule de documents qui détruisent toutes les suppositions contraires de l'Acte d'Accusation, je m'occupais déjà de l'histoire des sciences et particulièrement de Fermat. C'est surtout d'après des indications assez vagues que j'avais reçues en Italie, de M. le Baron Maurice, membre de l'Institut, que je m'étais imaginé pouvoir trouver dans les archives de l'Institut quelques écrits des anciens géomètres français. Lors même que je n'aurais pas pû montrer, comme je l'ai fait plus haut, d'où je tenais les papiers de Descartes, de Fermat, et des autres géomètres que j'ai trouvés dans la collection d'Arbogast, les deux lettres précédentes, suffiraient pour répondre aux faussetés contenues à ce sujet dans l'Acte d'Accusation.

Quant aux lettres isolées qui ont pu rester dans les Archives de l'Institut, et particulièrement au sujet des lettres de Descartes au chevalier Cavendish, dont l'Acte d'Accusation annonce la disparition, des commissaires nommés par l'Institut ne manqueraient pas de faire remarquer qu'une lettre de Descartes à ce même chevalier Cavendish a paru en 1843 dans la vente de Madame la Marquise de Dolomieu, qui la possédait depuis fort longtemps, comme cela résulte de son catalogue rédigé avant 1836, et connu dès lors de tous les amateurs(1). Enfin ces commissaires voudraient probablement savoir quel est cet illustre membre de l'Académie des Sciences, qui, d'après l'assertion de M. Jubinal, appuyée sur le témoignage de M. Duchesne, conservateur du Cabinet des Estampes à la Bibliothèque Nationale, aurait *pris sans façon*(2), cette lettre autographe de Descartes au père Mersenne qui existait au Secrétariat de l'Institut et dont le *fac-simile* a été donné dans *l'Isographie* avant 1830.

L'article de l'Acte d'Accusation relatif à la "*chemise intitulée :* Lettres de Torricelli à Carcavi, Roberval, Mersenne", pourrait donner lieu à des observations tout à fait analogues. Il faut ajouter seulement que l'Accusation veut établir qu'il existait à l'Institut des Lettres de Torricelli à Carcavi, à Roberval, et à Mersenne, et que, trouvant, ou croyant trouver entre mes mains quelques-unes de ces mêmes lettres de Torricelli à Roberval et à Mersenne, elle ne s'occupe plus de celles qui étaient adressées à Carcavi et qui auraient dû devenir l'objet d'une enquête spéciale. Ajoutons encore que lorsque l'Acte d'Accusation, avec son assurance ordinaire, dit ce qui suit : *Il n'a paru dans le commerce qu'une seule lettre de Torricelli .... et c'est Libri qui la mettait en vente en* 1846, il se trompe une fois de plus, car sans compter celles qui se trouvaient dans les papiers d'Arbogast dont j'ai fait l'acquisition, il a été vendu des lettres de

(1) Dans un livre dont les magistrats ne récuseront pas l'autorité, le *Manuel* de M. Fontaine, je trouve (pag. 313) l'indication de cette lettre de Descartes, comme existant en 1836 dans la collection de Mme. de Dolomieu. M. Fontaine *n'est pas sorcier* (on le sait de reste) et nous devons admettre qu'il a vu en 1836, comme il l'annonce dans son livre, les lettres dont il parle et qui ont figuré plus tard à la vente de Mme. de Dolomieu. Il est vrai que M. Fontaine a diminué un peu son mérite, en disant à la page 213 de son *Manuel* à propos de ce même Descartes, *son autographe, très recherché, n'a pas encore passé dans les ventes* : car sans parler de la vente D'Aguesseau, où l'on avait vu figurer des autographes de Descartes, j'ai déjà dit qu'il y avait des paquets de lettres de ce grand philosophe dans le catalogue de M. Thorpe pour l'année 1833.

(2) Voyez ci-dessus, pag. 36.

Torricelli à différentes époques. Dans ma Réponse au Rapport de M. Boucly (§ 28 bis) j'ai déjà parlé des lettres de Torricelli, et d'autres savants célèbres que j'avais achetées par l'entremise de M. le Comte Fossombroni, ancien premier ministre du Grand-Duc de Toscane. J'ai vu une lettre de Torricelli dans les recueils d'autographes légués en 1828 au British Museum(1) par Lord Egerton, qui a dû acheter cette lettre à Paris. Je pourrai au besoin citer d'autres exemples.

Pour les manuscrits de Frénicle on a vu(2) que ceux qui m'ont appartenu, se trouvaient dans la collection d'Arbogast ; ainsi c'est seulement pour montrer que tout est faux, (assertions, hypothèses et raisonnements) dans l'Acte d'Accusation, que je prolonge cet examen. Mais enfin quels sont ces manuscrits de Frénicle que devrait contenir(3) le carton N°. 33 des archives de l'Institut ? Personne n'a cherché à s'en rendre compte. Les manuscrits de Frénicle que je possédais ne contenaient que des essais de mathématiques, et l'indication reproduite par l'Acte d'Accusation le prouve. Dans l'éloge de Frénicle, par Condorcet, je lis : *Frénicle*(4) *était naturaliste et on a de lui des observations qui sont restées manuscrites.* Condorcet, on le sait, était secrétaire perpétuel de l'Académie des Sciences, et il écrivait cet éloge avant les *distractions* que lui a reprochées Lalande(5). Il est vraisemblable que si des manuscrits de Frénicle, autres que des observations sur l'histoire naturelle, s'étaient trouvés dans les archives de l'Académie des Sciences au moment où Condorcet écrivait, il n'aurait pas manqué d'en parler. Comment les magistrats, sur une indication vague, ont-ils pu admettre si légèrement, et uniquement pour me nuire, l'identité des manuscrits que j'avais possédés et de ceux qui auraient existé à l'Institut ?

Au reste, si l'on veut faire une enquête sérieuse, si l'on veut sincèrement connaître la vérité, il existe un moyen bien plus sûr que ces chemises et ces cartons qui *indiquent ce qui ne s'y trouve pas*, et qui *contiennent ce qu'ils n'indiquent pas.* Ce moyen c'est le *règlement* qui le fournit, le règlement de

(1) Vol. XXVII. f. 37.

(2) Voyez ci-dessus, pag. 51.

(3) " Or, (dit l'acte d'accusation) le carton N°. 33 des Archives, contient l'indication d'ouvrages de Frénicle qui ont disparu."

(4) *Condorcet, Œuvres Complètes,* Brunswick et Paris, 1804, 21 vols. in-8vo. tom. I. pag. 49—50.

(5) Voyez ci-dessus, pag. 24.

1699, année où l'Académie des Sciences avait réellement pour sceau un soleil au milieu de trois fleurs-de-lis. Je lis en effet dans ce règlement l'article suivant:

" § XLI. Les Registres, Titres et Papiers concernant l'Académie demeureront toujours entre les mains du Secrétaire, à qui ils seront incessamment remis par un inventaire que le Président en dressera: et au mois de Décembre de chaque année, ledit inventaire sera par le Président recolé et augmenté de ce qui s'y trouverait avoir été ajouté durant l'année."

Depuis le 4 Février 1699, jour où ce règlement fut lu à l'Académie des Sciences, cet inventaire a dû être fait et recolé un très grand nombre de fois, et je ne doute pas que M. le secrétaire perpétuel Arago, qui a montré en tout ceci, il faut le reconnaître, un zèle très louable pour la conservation des papiers de l'Académie, ne s'empresse de vous exhiber, Monsieur le Président, cet inventaire recolé tous les ans au mois de Décembre, et augmenté de tous les papiers ajoutés durant l'année. C'est là une pièce officielle, qui mérite plus de confiance que les assertions de MM. Lalanne, Bordier et Bourquelot, et qui fera connaître exactement à quelle époque certaines pièces, certains manuscrits, ont pu disparaître des archives de l'Académie des Sciences. Ne négligez rien, je vous prie, Monsieur le Président, pour vous faire représenter cet inventaire qui, en fournissant une nouvelle preuve du zèle de M. Arago pour les intérêts de l'Académie, doit donner le moyen d'effectuer une vérification si importante. Puisque le sceau de l'Académie des Sciences (un soleil au milieu de trois fleurs-de-lis) s'est conservé sans altération depuis 1699 jusqu'à nos jours (ce sont les magistrats qui l'affirment) je pense que cet article si important du règlement de 1699 a reçu sans interruption la plus scrupuleuse exécution.

Afin pourtant que vous puissiez vous faire une idée de ce que doit contenir cet inventaire, et par suite, de ce qui doit se trouver dans les archives des Académies, si, comme le prétendent les magistrats, aucune des pièces appartenant à ces compagnies n'a jamais pu être mise en circulation, permettez-moi, Monsieur le Président, de vous rappeler sommairement quelles sont les pièces qui ont dû successivement concourir à former ces archives.

Des cinq Académies qui composent aujourd'hui l'Institut, quatre, vous le savez mieux que moi, existaient avant la

Révolution, et furent supprimées en 1793. L'*Académie Française*, a été fondée en 1635 ; l'*Académie des Inscriptions et Belles-Lettres*, a été instituée en 1663 ; l'*Académie des Sciences* a été fondée en 1666 ; l'*Académie des Beaux-Arts*, a eu sa première origine en 1648 sous le nom d'*Académie de Peinture et de Sculpture* ; ce qui donne, en moyenne, à peu près deux cents ans d'existence pour chacune de ces Académies, sauf les deux années d'interruption depuis leur suppression en 1793, jusqu'à leur réorganisation en 1795, et leur réunion en un seul corps, sous le nom d'*Institut de France*. Les séances de chacune de ces Académies, ayant été dès l'origine hebdomadaires, et souvent même plus rapprochées(1), on peut compter en gros et en nombres ronds, à peu près dix mille séances par Académie, soit quarante mille séances pour les quatre Académies. Pour déterminer, même d'une manière approximative les travaux qui ont pu se faire par chacune de ces compagnies, je ne me guiderai pas sur l'activité prodigieuse de l'Académie des Sciences au dix-septième siècle, lorsque chaque jour voyait éclore une foule de recherches et d'observations sur les mathématiques, sur l'astronomie, sur la physique, sur la chimie, sur la botanique, sur la zoologie, sur la médecine, sur toutes les branches des sciences, en un mot, qui étaient cultivées expérimentalement et, qu'on me permette le mot, *manuellement*, dans un local appartenant à cette l'Académie. Je prendrai pour mes calculs une base plus modeste. Vous ne trouverez pas excessif, Monsieur le Président, que je pose en fait que les recherches et les travaux de toute nature des Académiciens, aient donné lieu, en moyenne, à deux communications par séance ; car enfin il faut passer son temps, et il faut que la séance soit remplie par quelque chose. Vous ne trouverez pas non plus excessif, qu'il

(1) D'après l'article XVI du règlement de l'année 1699 l'Académie des Sciences devait s'assembler les Mercredis et les Samedis de chaque semaine. Les assemblées de l'Académie des Inscriptions avaient lieu (§ XIV du règlement de 1701) les Mardis et les Vendredis. Les séances de l'Académie Française furent d'abord hebdomadaires. Pélisson nous apprend qu'en 1662, les réunions de cette compagnie avaient lieu deux fois par semaine, et nous lisons dans une note de l'Abbé D'Olivet qu'en 1675 on arrêta, qu'il y aurait trois séances par semaine. Cet usage s'est continué au moins jusqu'à 1729 (Pélisson et d'Olivet, *Histoire de l'Académie Françoise*, tom. i page 85—87). Les séances de ces diverses Académies devaient durer deux heures.

ait été fait, en moyenne, deux autres communications par séance, consistant soit en travaux présentés par des savans étrangers, soit en rapports faits sur ces travaux. Cela donne d'abord quatre pièces par séance. Vous conviendrez, Monsieur le Président, que je suis bien raisonnable en supposant qu'il n'arrive à chaque séance que six lettres, ou pièces diverses de correspondance. Si je devais me guider sur ce qui a lieu aujourd'hui, et sur la véritable avalanche de mémoires, de lettres, de pièces de toute nature dont on accable les différentes Académies, soit pour se procurer une publicité que quelques-unes de ces compagnies fournissent gratuitement, soit pour réclamer une part dans les prix qu'elles distribuent, ce ne serait pas six pièces par séance, mais vingt ou trente au moins qu'il faudrait supposer. Nous voilà donc, *au minimum*, à dix pièces par séance ; ajoutez à cela, Monsieur le Président, la feuille de présence, signée à chaque séance par tous les membres ; ajoutez y le procès verbal de chaque séance, rédigé par le secrétaire perpétuel, et lu à la séance suivante, et vous aurez au plus bas compte, douze pièces par séance ; ce qui fait à dix mille semaines ou séances par Académie, cent vingt mille pièces pour chacun de ces corps, soit en se réduisant au plus stricte nécessaire, quatre cent quatre vingt mille pièces pour les quatre Académies. Dans ce calcul, je n'ai pas fait entrer les travaux demandés par le gouvernement, les présentations aux diverses places vacantes, les séances des Commissions administratives, les travaux si nombreux des diverses commissions chargées d'examiner les mémoires adressés aux Académies pour concourir aux prix, les comités secrets, etc. etc. qui donnent lieu à tant de procès verbaux, de quittances et de pièces séparées. Il faut ajouter encore à ce calcul les *Etats d'émargement* signés chaque mois par tous les membres, ainsi que les *Etats* qu'on fait signer aux Académiciens lorsqu'on leur distribue certaines publications ; il faut y ajouter enfin tous les volumineux registres, sur lesquels sont transcrites les délibérations des diverses Académies.

Quoique cela forme déjà un total assez respectable, nous sommes bien loin d'avoir tout compté. En effet, les Académies, outre les travaux dont on vient de faire l'énumération, en ont entrepris ou dirigé beaucoup d'autres de longue haleine qui ont dû enrichir considérablement les collections des archives. Sans parler de la continuation de la grande collection des *Historiens des Gaules* et de la continuation de *l'Histoire Littéraire,* entreprises par l'Académie des Inscriptions et Belles Lettres ; sans même mentionner la *Connoissance des Temps* publiée pendant plus d'un siècle par l'Académie des Sciences, la seule *Description des Arts et Métiers,* publiée par cette dernière Académie depuis 1761 jusqu'à 1789, en cent treize parties in folio, remplies de figures, a dû donner lieu à un amas prodigieux d'écrits autographes, de procès verbaux, de pièces de correspondance, de dessins, de reçus, etc., etc. Tous ces papiers se sont conservés intacts jusqu'à nos jours ; c'est l'Acte d'Accusation qui l'affirme. Plusieurs de ces documents, les mémoires scientifiques surtout, sont fort volumineux(1), et c'est à peine si un des cartons de l'Institut peut en contenir une centaine. D'après tout ce que je viens de dire, il est absolument impossible que les papiers qu'on doit trouver *intacts,* depuis l'origine, dans les archives des Académies remplissent moins de six à sept mille cartons. Je pense, Monsieur le Président, que vous les trouverez tous à leur place parfaitement étiquetés et numérotés et renfermant toutes les pièces décrites dans *l'inventaire* qui, d'après le règlement, a dû être *recolé tous les ans au mois de Décembre.* S'il n'y manque que ce que l'Acte d'Accusation prétend que j'ai dérobé, le déficit ne sera pas grand. Une chose m'a frappé dans le paragraphe que l'Acte d'Accusation intitule *Archives de l'Institut.* On y cite différents cartons que j'aurais mis au pillage et ces cartons ne portent que les numéros 27, 29, 33 et 35 ; comment se fait il que moi qui au dire des magistrats, avais des *facilités refusées à tout autre* et si *regrettables,* que moi qui avais un si libre accès partout, je me sois arrêté à quatre cartons seulement qui se trouvaient tout au commencement de cette immense série de six à sept mille cartons où devaient se conserver tant de richesses? Est-ce que, par hasard, les magistrats se seraient trompés ? Est-ce que cette immense collection aurait été mise au pillage et dispersée long-temps avant mon arrivée en France ? Je livre cet humble doute, Monsieur le Président, à votre appréciation. Si l'on ne retrouvait pas à leur place tous les documens dont il vient d'être question je crois, qu'indépendamment de ce

(1) On a vu plus haut (p. 44, 45) que quelques-uns de ces documents sont écrits sur du papier assez épais pour pouvoir servir de *chemises.*

que j'ai dit plus haut je pourrais vous fournir encore quelques utiles renseignements.

Quoique je veuille traiter seulement aujourd'hui la question de *fait*, en réservant celle de *droit*, permettez-moi, Monsieur le Président, d'ajouter un mot sur la nécessité de vérifier sérieusement l'identité des pièces incriminées, et de s'assurer que ces pièces m'ont réellement appartenu. Je ne parle pas ici des pièces saisies irrégulièrement et sans inventaire, soit chez moi soit dans les maisons où l'on a fait des saisies; je parle des pièces qui ont été mises en vente et décrites dans des catalogues imprimés et que, comme on vient de le voir, l'Accusation dit avec assurance m'avoir appartenu. Je crois n'avoir jamais mis en vente aucun autographe qui ne fût décrit dans un catalogue contenant, en même temps, des pièces appartenant à d'autres personnes. Souvent les autographes décrits dans un seul catalogue, appartenaient à huit ou dix amateurs qui saisissaient l'occasion de ces ventes périodiques, pour se défaire de leurs doubles ou des pièces auxquelles ils attachaient le moins d'importance. Dans une autre occasion, je reprendrai ce point et je montrerai, par des exemples tout à fait inattendus, quelle était la singulière composition de ces catalogues. Tout ce que je puis dire aujourd'hui, c'est que moi, qui ai possédé beaucoup de pièces autographes mises en vente dans certains catalogues, j'ai fait à plusieurs reprises, depuis que je suis en Angleterre, de vains efforts auprès du commissaire-priseur et du libraire chargés de ces ventes, pour savoir d'une manière positive quelles étaient les pièces qui avaient pu m'appartenir. Dans une lettre que M. Picchioni, ancien professeur au Collège d'Eton en Angleterre, m'a fait l'honneur de m'écrire à ce sujet en date du 19 Février 1850, il me dit avoir appris de M. Laverdet, successeur de M. Charon (qui a rédigé les catalogues de la plupart de ces ventes) que les *experts* avaient travaillé longtemps sans jamais obtenir aucun résultat(1); et qu'ils n'avaient jamais pu parvenir à determiner quelles étaient les pièces qui m'avaient réellement appartenu dans ces

(1) Voici que m'écrivait M. Picchioni, je traduis mot à mot de l'italien:

"Quant à M. Charon, il a une mauvaise santé. Il a dû se retirer à la campagne; et ne peut donc en aucune manière coopérer à ce travail, à supposer que l'exécution en fût possible ; or, elle est impossible comme me l'a assuré positivement M. Laverdet. La commission des experts voulait faire un travail du même genre,mais après avoir

ventes. Cela étant, comme l'Acte d'Accusation parle à chaque instant de pièces que j'aurais mises en vente, qu'il désigne nominativement, je dois présumer que les experts, pour se tirer d'affaire, se sont bornés à m'attribuer la possession de toutes les pièces qui leur semblaient susceptibles d'être incriminées. Le procédé est commode, mais je ne le crois pas très conforme aux règles de la justice, surtout dans un pays où, comme on l'a vu dans tout ce qui précède et comme on le verra mieux encore dans de prochaines occasions, des masses énormes de papiers autographes provenant des établissements de l'Etat, ont été mis en circulation avant même que je vinsse m'établir en France.

Je n'en finirais pas si, dès aujourd'hui, je voulais signaler tous les motifs que me fournit l'Acte d'Accusation, de me défier des lumières comme de l'impartialité des hommes qui, soit à titre d'experts, soit à titre de magistrats, ont participé à la rédaction de ce document si singulier. Je m'abstiendrai de rappeler ici l'histoire facétieuse du *Catullus* à jamais fameux, qui était devenu le prétexte des plus graves accusations contre moi, uniquement parceque les experts avaient lu Dix à la place de Jean, sans que jamais aucun magistrat se soit avisé de vérifier l'inscription qui devait servir à m'accabler ; mais je vous demanderai la permission, Monsieur le Président, d'appeler votre attention sur un petit fait qui me semble prouver d'une manière assez satisfaisante qu'il ne faut pas s'en rapporter aveuglément aux assertions des experts ou des magistrats lorsqu'ils annoncent avoir *lu* quelque chose qui peut m'être défavorable.

Je trouve ce qui suit dans l'Acte d'Accusation, à propos de la collection formée par Peiresc et dont une partie se conserve à la Bibliothèque de Carpentras:

" En 1841, ce recueil, formant 86 volumes, était en bon état ; c'est ce qu'atteste une note de Libri. Cette note se rencontre au milieu de beaucoup d'autres dans un cahier contenant des détails fort circonstanciés sur les manuscrits de Carpentras, et qui, par la date du 18 Janvier 1841, qu'on voit au feuillet 22 verso, paraît avoir servi à Libri lors de sa tournée de 1840-1841. Elle est ainsi conçue : " Il y a 86 volumes, *tous en bon état* si l'on en " excepte 2 ou 3, auxquels il manque *quelques feuillets*(1)."

fait quatre ou cinq *descentes*, même dans la maison de M. Laverdet, elle a dû y renoncer, du moins en ce qui concerne M. Laverdet et M. Charon, après avoir reconnu cette impossibilité. C'est là ce que m'a affirmé M. Laverdet."

(1) *Moniteur*, pag. 2695.

Ce passage à l'aide duquel les magistrats ont voulu que je me condamnasse moi-même, comme ayant reconnu en 1841 l'intégrité et la presque parfaite conservation des manuscrits de Peiresc, et comme devant par conséquent répondre de toutes les mutilations que ces manuscrits auraient pu subir ; ce passage, dis-je, n'est pas écrit en latin comme la fameuse inscription du *Catullus.* Il ne contient pas d'abréviations ; il est en français et l'on devrait présumer que des experts et des magistrats qui veulent porter atteinte à l'honneur d'un membre de l'Institut, à propos d'une question de bibliographie, sauraient lire au moins ce qui est écrit dans leur langue. L'ignorance seule a-t-elle guidé la main de l'homme qui a tracé ce paragraphe de l'Acte d'Accusation ? Ne doit-on pas voir dans la manœuvre dont je vais donner la preuve, une marque éclatante de l'insigne mauvaise foi, du manque complet de loyauté des magistrats qui ont rédigé cette longue fable, décorée du nom pompeux d'Acte d'Accusation ? Que signifie donc ce passage :

"Il y a 86 volumes, *tous en bon état*, si l'on en excepte 2 ou 3, auxquels il manque *quelques feuillets*."

Et comment les magistrats savent-ils qu'il s'agit là de Peiresc et de Carpentras ? C'est parceque le nom de Peiresc se trouvait écrit de ma main à côté de ce même passage que j'avais tiré *mot à mot*, d'un ouvrage, imprimé il y a plus de cinquante ans, et dont je citais le volume et la page, que les magistrats ont pu comprendre qu'il s'agissait là de Peiresc. Y a-t-il de la droiture, y a-t-il de la bonne foi à attribuer à un accusé une assertion qu'il a tirée d'un livre qu'il cite, et dont il a pris note comme d'une chose extraordinaire et complètement en opposition avec ce qu'il a pu reconnaître de ses yeux ? Assertion qui lui a semblé si étrange que, même dans une note écrite à la hâte, il a cru devoir protester implicitement contre les faits qu'elle contient en soulignant les mots *tous en bon état* et *quelques feuillets,* mots qu'il voulait relever. Pourquoi ne pas ajouter que ce passage était indiqué dans mon cahier comme étant extrait d'un article inséré par Saint-Véran, dans le tome II (pag. 504) de la troisième année (1797) du *Magasin Encyclopédique* de Millin ? Voici le passage entier de Saint-Véran, qui contient mot à mot celui dont on a voulu me faire porter la responsabilité :

"Les manuscrits de Peiresc sont sans contredit ceux qui font le plus d'honneur à ce cabinet ; il y en a 86 volumes, tous en bon état, si l'on en excepte deux ou trois auxquels il manque quelques feuillets."

Si le cahier qui contient cette note, n'a pas subi quelque altération depuis qu'il est tombé entre des mains si loyales, on doit y trouver la citation de la page, du volume, et de l'ouvrage. On essaierait en vain d'excuser par la plus profonde ignorance une telle supercherie. Chacun est tenu de savoir lire ce qui est écrit dans sa propre langue, et les magistrats eux-mêmes ne sont pas dispensés de cette obligation. Ils sont tenus de plus de ne pas tronquer une citation, de ne pas commettre une véritable falsification pour opprimer un accusé(1). Si de tels faits passent inaperçus chez un peuple qui chante et qui rit, ils sont aperçus par l'Europe qui est attentive et qui ne rit pas.

Je m'étais proposé, Monsieur le Président, de compléter aujourd'hui cette réponse, et de réfuter les accusations ridicules qu'on a dirigées contre moi à propos de la Bibliothèque de l'Institut. Mais ma lettre est déjà si longue, que je me vois forcé de réserver cette seconde partie pour une autre occasion. Sans aller cependant plus loin, tout ce qui précède a dû vous prouver que si l'Acte d'Accusation est personnellement dirigé contre moi, les principes qu'il énonce et les considérants sur lesquels il s'appuie, sont de nature à porter atteinte aux noms les plus illustres dont se glorifie l'Institut. Il ne s'agit plus de moi, il ne s'agit plus d'un étranger, qu'avec des sentiments dignes de l'ancienne Tauride on a offert sans scrupule en sacrifice aux haines du *National* et de *l'Observatoire;* il s'agit des noms de Cuvier, de Dolomieu, de Buache, d'Arbogast, de Le Breton, d'Huzard, et même de M. Monmerqué, Conseiller à la Cour Royale, sur lesquels certains magistrats s'efforcent de jeter la boue à pleines mains, en déclarant que tout possesseur d'objets provenant, ou paraissant provenir des archives des Académies est un VOLEUR ou un RECÉLEUR. C'est à vous, c'est à l'Institut tout entier qu'il appartient de repousser des doc-

(1) A propos de ce fameux *Catullus* de Montpellier dont on m'accusait d'avoir falsifié le titre (voyez ma *Lettre à M. Barthélemy Saint-Hilaire*, pag. VII), l'Acte d'Accusation dit: *la fraude ne pense pas à tout;* cet axiôme est si vrai qu'en m'attribuant un passage qu'ils savaient parfaitement être tiré du *Magasin Encyclopédique* de Millin, certains magistrats avaient oublié qu'il existe des centaines d'exemplaires de l'ouvrage dans lequel ce passage a été publié il y a cinquante trois ans.

trines qui en frappant l'Institut, porteraient une si grave atteinte à l'honneur national.

Quant à moi, il me semble que je deviens de moins en moins intéressé dans la question ; car si l'on a bien saisi la portée des faits exposés dans cette lettre, l'Acte d'Accusation et le jugement de contumace, en ce qui concerne les archives de l'Institut, peuvent se résumer de la manière suivante :

CONSIDÉRANT QUE DEPUIS LONGUES ANNÉES, ET PARTICULIÈREMENT DEPUIS L'ANNÉE 1826, LES PAPIERS PROVENANT DES ARCHIVES DES ACADÉMIES ONT PARU DANS BEAUCOUP DE VENTES, ET ONT ÉTÉ MIS EN CIRCULATION, OU SE SONT TROUVÉS ENTRE LES MAINS D'UN GRAND NOMBRE DE PERSONNES SANS JAMAIS EXCITER L'ATTENTION DE L'AUTORITÉ ;

CONSIDÉRANT QUE CES PAPIERS, AYANT FIGURÉ NOTAMMENT DANS LES COLLECTIONS, OU DANS LES VENTES ARBOGAST, BUACHE, CUVIER, HUZARD, DOLOMIEU, LE BRETON, ET MONMERQUÉ, ON PEUT AFFIRMER QUE C'EST LIBRI SEUL QUI A POSSÉDÉ DE CES PAPIERS, QUE C'EST LUI LE PREMIER, ET LE SEUL QUI EN AIT MIS EN VENTE EN 1839 ;

CONSIDÉRANT EN OUTRE QUE LIBRI FAIT CONNAÎTRE LA PROVENANCE DES PIÈCES QU'IL A PU POSSÉDER, TANDIS QUE LES AUTRES POSSESSEURS DE CES PAPIERS, OU SE TAISENT OU DÉCLARENT LES AVOIR ACQUIS SUR LE QUAI, CHEZ LES ÉPICIERS, OU MÊME CHEZ DES BOUQUETIÈRES ;

LA COUR FAISANT APPLICATION DES DISPOSITIONS DES ARTICLES 254 ET 255 DU CODE PÉNAL :

CONDAMNE LIBRI, LIBRI SEUL, A DIX ANNÉES DE RÉCLUSION.

En attendant que la présente lettre donne lieu à un nouveau décret du Chef de la République Française, je vous prie, Monsieur le Président, d'agréer l'assurance de ma haute considération.

G. LIBRI.

N O T E S.

NOTE I.

Voici la lettre que j'ai cru devoir écrire à M. l'Administrateur du Collège de France, dès que j'ai eu connaissance des décrets dont il est question plus haut, à la page 4.

" Londres, le 5 Septembre, 1850.

" Monsieur l'Administrateur,

" Deux décrets en date du 1er. de ce mois que je lis dans le *Moniteur*, me font craindre que vous n'ayez pas reçu une lettre imprimée que j'ai eu l'honneur de vous adresser il y a environ un mois, avec prière d'en donner connaissance à l'Assemblée des professeurs du Collège de France. Je m'empresse de vous adresser un autre exemplaire de la même lettre, en vous priant d'en donner communication à MM. les Professeurs, chacun desquels a dû en recevoir un exemplaire; à moins que le paquet qui contenait ces brochures n'ait été saisi par le soin des gens intéressés à étouffer mes réclamations.

" En répondant immédiatement à la délibération par laquelle l'Assemblée des professeurs avait déclaré ne pas vouloir me considérer comme démissionnaire avant le 1er. Décembre prochain, et en faisant connaître dans une lettre imprimée(1) que par la naturalisation anglaise qui venait de m'être conférée j'étais devenu incapable d'occuper aucun emploi en France, j'avais eu surtout pour objet d'empêcher que le gouvernement ne saisit cette occasion pour porter atteinte aux privilèges du Collège de France. J'ai le regret de voir que mes efforts ont été sans résultat. Veuillez, Monsieur l'Administrateur, donner communication à l'Assemblée des professeurs de la présente lettre, dans laquelle ils trouveront l'expression sincère de mes regrets avec l'hommage de ma haute considération.

" J'ai l'honneur d'être, Monsieur l'Administrateur,

" Votre très humble serviteur,

" G. LIBRI."

(1) Cette lettre a été répandue dans toute l'Europe, et du 11 au 20 Août, il en a été distribué dans Paris des centaines d'exemplaires, comme le prouvent beaucoup de lettres qui sont entre mes mains. Ma naturalisation était donc connue de tout le monde à Paris, lorsqu'on a rendu les décrets du 1er Septembre.

NOTE II.

A la suite des divers exemples fournis par des catalogues ou des collections, en tête desquels se lisent des noms ayant appartenu à l'Institut, je crois pouvoir ajouter un exemple bien remarquable, tiré du catalogue, publié en 1840, par MM. De Bure, anciens libraires de la Bibliothèque Royale, qui ont été aussi pendant longues années, *libraires de l'Institut.* Par ce catalogue (qui contenait aussi le *Catullus,* que l'Acte d'Accusation me reprochait sérieusement d'avoir dérobé à la Bibliothèque de Montpellier) MM. De Bure ont mis en vente les livres rares, et les manuscrits qu'ils possédaient encore. Voici le description d'un recueil annoncé à la page 14 de ce catalogue, que je copie fidèlement :

" No. 22. Bourdelin (Claude) et Bourdelin son fils aîné (Claude), recueil d'analyses chimiques et autres travaux, présentés ou lus à l'Académie des Sciences, dont ils étaient membres tous les deux 14 *vol. et* 2 *vol. in-*4 *d. r.*

" Manuscrit sur papier. Les quatorze premiers volumes, dont les deux in-4 font partie, renferment les analyses faites par Bourdelin père, depuis le Mars 1667 jusques et y compris, le 2 Septembre 1699. Il est mort le 15 Octobre de cette année. Tout jusques au 5 Décembre 1696 est de son écriture. Bourdelin le fils a écrit après cette date : *Suite des analyses de mon père qu'il n'avait point transcrites.* Et le reste, depuis le page 363 jusqu'à 384 du t. XIV est de son écriture. On trouve dans la Biographie Universelle, t. V, page 362, que Bourdelin père *avait présenté à l'Académie près de deux mille analyses de toutes sortes de corps.* Ce sont ces analyses que contiennent ces manuscrits ; elles sont d'autant plus précieuses, qu'il n'a publié aucun ouvrage. Le t. XV aussi tout entier de l'écriture de Bourdelin père contient les mémoires des dépenses faites par lui pour le laboratoire de l'Académie des Sciences ; il commence au 6 Mars 1667. Au 24 Décembre 1693, on trouve sa signature autographe. Il finit à l'année 1698 par ces mots: M. de Fontenelle a payé le 28 Janvier 1699.

" Le t. XVI tout entier de la main de Bourdelin fils est aussi très curieux. C'est un compte rendu détaillé de toutes les séances de l'Académie, depuis le 11 Mars 1699 jusques au 20 Décembre 1709. Il y a quelques dessins d'insectes, de machines, etc., dont il était question dans les séances. Il est mort le 20 Avril, 1711.

" Parmi des papiers détachés qui se trouvent dans ces volumes, il y a trois reçus autographes, dont deux signés de Joseph Guichard Duverney, de l'Académie des Sciences et anatomiste. Voyez la Biographie, tome XII, page 422."

Voilà donc près de *deux mille analyses présentées à l'Académie des Sciences,* plus les mémoires des dépenses faites pendant trente et un ans au *Laboratoire de l'Académie-des Sciences,* plus les *comptes rendus* des séances de l'Académie durant dix ans, le tout accompagné de beaucoup de papiers détachés, de quittances signées par des académiciens, etc. etc. Ce sont là véritablement de ces documents qui, suivant l'Acte d'Accusation *ne peuvent entrer dans le commerce.* Pourtant ils ont été mis publiquement en vente, dans un catalogue imprimé il y a dix ans à Paris, par les anciens libraires de l'Institut, sans que personne ni au Palais de Justice ni à l'Institut, y trouvât à redire. Il ne s'agit pas ici d'une feuille isolée, qui aurait pu échapper à l'attention du parquet, il s'agit, sans compter le reste, de *deux mille analyses* présentées à l'Académie. La provenance de ces papiers *ne saurait être un instant douteuse :* elle est établie par le catalogue même de MM. De Bure. Pourtant personne n'a songé à parler de VOL ou de RÉCEL, à propos de cette vente. Je dois dire que j'ai fait l'acquisition de ces manuscrits de Bourdelin, qui m'ont été cédés par M. Techener. Il les tenait d'un amateur fort connu de Paris, qui ayant acheté en bloc les manuscrits français appartenant à MM. De Bure, en avait revendu immédiatement la plus grande partie. Les manuscrits de Bourdelin ont été cédés par moi à Lord Ashburnham, ainsi que tous les papiers qu'ils contenaient. Je n'ajouterai qu'un mot. Il y a même à la Bibliothèque Nationale, de ces anciens papiers des Académies, qui n'ont jamais dû quitter (ce sont les magistrats qui l'affirment) les archives de l'Institut.

LONDRES:

Imprimé par Schulze et Cie., 13, Poland Street.

www.ingramcontent.com/pod-product-compliance
Ingram Content Group UK Ltd.
Pitfield, Milton Keynes, MK11 3LW, UK
UKHW020949180726
13838UKWH00003B/1222